コロナ後の THE POST-CORONA ECONOMY 世界経済

米中新冷戦と日本経済の復活！

エミン・ユルマズ

集英社

はじめに

30年後に2020年を振り返ったとき、多くの人々が「あの年に世界が変わった」と思うことでしょう。2020年に起きた出来事は実に、100年に一度起きるような大転換の事件ばかりです。新型コロナ禍はもちろん、あまりにいろいろなことが起こりすぎて、年初に起きた事件はすでに忘れてしまったくらいです。アメリカによるイラン革命防衛隊司令官の暗殺やカルロス・ゴーン被告の逃亡事件、2月から3月にかけての世界の株式市場の記録的な暴落などは、昔のことのようにさえ思ってしまいます。

私が5年前から指摘していた「米中新冷戦」は、2020年には誰もが口にするような〝常識〟になりました。新冷戦のスタートは2013年のシリアの内戦ですが、米中の最初の真剣な衝突は2020年に起こりました。そのきっかけをつくったのは新型コロナ・パンデミックです。

一国が覇権国家になるためには、世界の他の国々に独自の政治システムと思想を提案する必要があります。経済的に強くなるだけでは覇権国家になることはできません。イデオロギー的にも優位に立つ必要があります。第二次世界大戦後の米ソの覇権争いは「資本主義と共産主義」というイデオロギー対立でした。ある意味とてもわかりやすかったのです。営利目的の個人つまり資本家によって国の商業や産業が制御されるシステムに対し、個人の財産所有を制限して財産の一部または全部を共同所有しながら国家主導で経済活動を行うシステム。資本主義世界は自由主義を訴え、共産主義世界は平等主義を訴えました。

では今回の米中の対立には、どんなイデオロギーの対立があらわれているのでしょうか？　実際に、いままでの中国はアメリカに対抗できるようなオルタナティブ（代替）の思想や政治システムを提案してきませんでした。少なくとも世界はそれを知りませんでした。しかし、新型コロナ・パンデミックをきっかけにそれがはっきりしたわけです。アメリカはいままでどおり自由で開かれた市場と民主主義を軸にした思想を掲げるのに対し、中国は国家主導の経済と一党独裁による監視社会を掲げています。中国はハイテクを駆使した監視体制のおかげで感染被害を抑えることができ、全世界に自国の政治システムはすぐれているとアピールすることができました。つまり、パンデミックがつくった特殊な世界環境だからこそ中国モデルが成功したとも言えます。考えてみれば、強い国家体制のもとに天下統一を図り、平和と安全を守る、しかしその代わり国家への完全なる忠誠心を要求する、というのは中国の古代から変わらない考え方です。米中対立が新しい冷戦であることに世界が気づくまでに時間がかかった背景には、中国のこのような独自の思想に世界があまり馴染んでいなかったからだと思います。

さらに世界の人たちにとって最も理解しにくい点は、米中新冷戦が米ソ対立のように資本主義対共産主義の対立ではないことでしょう。中国の億万長者の数は、世界で二番目に多いのです。政府に逆らわず言うことを聞いているかぎりお金を稼ぐことに文句は言われません。もちろん、稼いだお金は自由に海外に持ち出すことはできませんが、国内で使うぶんには問題がありません。しかも、一旦金持ちになった人こそ政権を支持するインセンティブが高くなります。発展したとはいえ貧富の差は激しいので、いわゆる低所得者層の怒りと反乱を恐れているからこそ富裕層においては忠誠心と支持が強まります。

もちろん中国の起業家はいままで自由市場と自由世界貿易の恩恵を存分に受けてお金を儲《もう》けた人がほとんどです。米中新冷戦によって儲けるのが難しくなったら政権への態度が変わる可能性が多少なりともあるでしょう。なぜならば、米中対立は今後、より一層、世界経済に大きな影響を与え続けることは間違いないからです。世界はふたたび東西で分断し、アメリカと中国の経済圏もそれぞれ分かれていくことになるでしょう。つまり、世界経済はグローバル化からブロック化へ移行します。

パンデミックは米中新冷戦のきっかけでも結果でもありませんが、冷戦開始プロセスを加速させたカタリスト、つまり触媒のようなものです。世界の製造業はいかに中国に依存しすぎているのか、主要国はいかにクリティカルな物資を中国から調達しているのかということに気づくきっかけになりました。今後自由主義経済と中国経済は時間をかけてデカップリング（切り離し）していきます。

しかし私はこの流れは日本にとって悪いことではなく、むしろチャンスだと考えています。70年に一度しか来ない大チャンスです。それが日本経済の復活をもたらし、結果的に日本株も大きな上昇サイクルに入ります。ではなぜそうなるのか？　具体的に何が変わるのかについてはこの本でじっくり解説させていただきました。是非お読みください。

２０２０年８月

エミン・ユルマズ

目次

第2章 復活するアメリカ主導経済

第３章

イデオロギー対立となってきた米中新冷戦の激化

第4章

中国のデジタル通貨覇権を考察する

第5章 中東の地政学

第6章 再評価される日本の強み

第7章 日本株は宝の山

第8章 日本株はどういう視点で投資すべきか？

第1章

アメリカのパラダイム・シフトを劇的に速めるコロナ禍

一新したアメリカのポリティカル・アジェンダ

２０２０年2月末から世界中に広がったコロナ禍は収まることを知らず、人々の日常となった。

３月に起きた世界同時株価大暴落については、このような暴落が起きることは２０１９年末から予測していたが、まさかこのような形で具現化するとは思っていなかった。

世の中が新しい秩序に移行するのには、ある程度の過渡期を要するものである。だが、コロナ禍が続く今回は、そんなに時間を要しないだろうし、移行スピードはさらに加速するのではないだろうか。

〝コロナショック〟と呼ばれる大暴落のあと、ＦＲＢ（米連邦準備制度理事会）はバランスシートを短期間で３兆ドル（約３２０兆円）以上拡大させ、事実上の無制限ＱＥ（量的金融緩和政策）を復活させた。さらにＦＲＢは紙幣を刷って国債を大量に買い込み、リーマンショックの二の舞を踏まないように金融機関にも無制限で貸し付けを行った。連邦政府の救済案も入れるとアメリカは、３月から６月までに６兆ドル（約６４０兆円）以上、つまり日本のＧＤＰ（国内総生産）以上のお金を投下した。要は、最後の砦となったアメリカ政府が伝家の宝刀を抜いたわけである。

日本では、政府は約１２０兆円の財政出動を行い、日銀（日本銀行）がＥＴＦ（上場投資信託）の購入目標額をそれまでの倍の12兆円とした。いずれ、消費税減税も視野に入れなければならないだろう。そして、アメリカ、日本、欧州主要国はすべて、国民に現金まで配布して、何とかこの危機を乗り越えようとした。つまり、世界は名実ともにヘリコプターマネーを行っているのだ。

とりわけ資産バブル崩壊に直面していたアメリカについては、コロナ禍がなくとも、これらの措置を講じなければならなかった。しかしながら、コロナショックが起きなければ、野党、財務官僚の反対で、前記の経済対策は打てなかっただろう。平時ならば、中央銀行は野放図にお札を刷ることは許されず、財政規律違反に問われる。けれども、コロナ禍を口実にあっさりと通ってしまった。〝有事〟だからこそである。

おそらくアメリカの歴史上ここまで大きな政策があっさりと議会を通過したのは、１９４１年12月８日、アメリカが日本に宣戦布告し、第二次世界大戦に参戦したとき以来ではないか。

もう一つ、アメリカはこれまで議論されてきたＭＭＴ（現代貨幣理論）に近いようなことを実施しようとしている。また、米中経済のデカップリングとは別の次元で、アメリカおよび西欧諸国のみならず世界各国において、１９８０年代以降に主流であったネオリベラルな政治・経済政策が、左派的な軸に移行する可能性が強い。

こうした潮流からすると、アメリカは今後、深刻な社会問題と化してきた学生ローンの免除、そして今回のコロナ禍であぶり出された無慈悲な医療制度の改革、ひょっとするとベーシック・インカム（最低限の所得保障）の導入にまで踏み込む可能性がある。

したがって、バーニー・サンダースが主張してきたような弱者に優しい政治を、サンダースがいなくても実施するかもしれない。彼が主張した変化の必要性を、アメリカの政治家たちも感じているのだとしたら、自分たちの支援者、トラディショナルな層を敵に回さないために賛同せざるを得ないのではないか。

たとえば、「アメリカでそんなことをしたら社会主義だ」とふだんからお題目のように唱えている政治家たちは、コロナ禍の状況では持論を主張できない。だから、これからきわめて大きな変化が起きるのではないかと、私は考えている。いずれにしても、いまのアメリカには先に示したポリティカル・アジェンダ（政治的目標）は合っているのではないか。

西欧の自由主義社会においても、同様の変化が見られる、今後の米中対立のなかで、中国とデカップリングする国も増え、世界の二極化がより加速していくだろう。これは間違いのないところだ。

国民皆保険制度に取り組まなければ共和党は永遠に政権を取れなくなる

２０２０年2月中旬、ラスベガスに取材旅行で訪れたとき、まだアメリカは浮かれていた。トランプ大統領は新型コロナウイルス感染症（ＣＯＶＩＤ‐19）をコントロールできていると発言し、街中でマスクをしている人を一人も見かけなかった。

一方、今回のコロナショックのなか、ヨーロッパで特徴的だったのは、トイレのあとの手洗い率の低い国が感染拡大を招いたことであった。以下は欧州各国のトイレ後の手洗い率（２０１５年　WIN/GALLUP INTERNATIONAL）である。

イタリア　57%

オランダ	50%
ドイツ	78%
フランス	62%
ボスニア	96%
トルコ	94%
オーストリア	65%
スイス	73%
スペイン	61%
ポルトガル	85%
イギリス	75%
アイルランド	74%

オランダとイタリア、フランス、スペインの手洗い率が低く、実際に被害も甚大であった。

手洗い率がボスニアと並んで断然高いトルコは欧州諸国に比べコロナが発生するのは遅

かったが、それを過信して国境を閉めなかった。それが祟《たた》って、さまざまな国の人が持ち込んだことにより、ウイルスの拡散を招いてしまったようだ。

一方、外出時にほとんどの人がマスクをしている日本人は、やはり優秀だった。街もきれいだし、人々の手洗いも徹底している。それに多くの日本人はお風呂にも毎日入っている。こんなに毎日満員電車に乗って通勤しているのに、世界的に見て感染率が低いのは、やはり、日本人の清潔好きが貢献しているとしか言いようがない。

おそらく新型コロナウイルスの発生でいままで以上にみんな気をつけているから、日本における今年のインフルエンザの発症率は低いだろう。それを考えると、むしろ新型コロナウイルスへの警戒によって清潔な習慣が強化されれば、長い目で見て日本人の寿命が伸びる可能性すらある。いずれにせよ、今回のコロナ禍により、日本人の健康意識がより高まったのは確かだろう。

統計に強いことで知られるアメリカのジョンズ・ホプキンス大学によると、アメリカの季節性インフルエンザによる死者数の年間平均は３万人にもなる。前述したように、今回のコロナショックをきっかけに、国民はよりメディケアについて意識するはずだし、政権もユニバーサル保険のような医療システムへの移行を検討せざるを得なくなるだろう。

お金がかかるから、病院に行きたくない。４人家族で平均して年間２万ドルも保険会社に医療保険料を支払っている１億数千万人、無保険の約２７５０万人のアメリカ人はみなそう思っている。今回のことで、彼らのフラストレーションはさらに募ったにちがいない。

世界のリーダーとして、文明国家として、アメリカのこの現状はあり得ない。国民皆保険制度、「メディケア・フォー・オール」の創設など、２０２０年の大統領選挙の民主党の予備選に敗れたサンダースが主張していたようなことを、逆にいま共和党がやらないと、共和党は永遠に政権を取れなくなってしまう可能性すらある。

アメリカの人口構成で白人が漸次減少し、黒人やラティーノ（ラテン系アメリカ人）が増えていくなか、共和党が何らかの社会保障に関する動きを見せないと、トランプ大統領の再選はそうとう厳しいと私は見ている。

そもそもアメリカのミレニアル世代の台頭に伴って、サンダース的考え方がよりメインストリームになってくるはずである。サンダースは今回バイデンに負けたけれど、おそらく４年後にサンダースと同じことを主張している人が、彼が立候補しなくても出てくるだろうし、そのときは勝つだろう。

アメリカの政治の未来を先取りしてきたハリウッド

われわれのマーケットである株式市場における材料としては、すでにコロナ禍は終わったと認識している。したがって、かつてのスペイン風邪のような第2波、第3波による株式の暴落は起こらないと考えている。

われわれの見方では、仮に少しぶり返したとしても、新型コロナウイルスについては折り込み済みということだ。リスクがあるとすれば、米中の対立のさらなる激化、あるいは衝突である。

おそらく現状のままでは、トランプ大統領の再選は叶《かな》わないだろう。

2020年3月までの時点ではトランプ再選を楽観視していた日本のメディアがけっこう多かったが、私の見立てとはずいぶんちがった。8月初旬の時点で、トランプの支持率41%は、バイデンの支持率51%を下回っている（米モンマス大学調査。65ページ参照）。5月後半の警官による黒人男性殺害に抗議したデモが全米に広がり、そのことに対するトランプの対応がさらに支持率を低下させる原因となった。

株価がどうなろうと、7月の失業率が10・2％と高止まりしていることも注目点だ。失業者の不満はトランプの再選を阻むことにつながるだろう。

トランプのコロナ禍における国内対応は、確かにまずかった。しかし、仮に民主党政権であればもっとすぐれた対応をしたのか？　私はそうは思わない。

アメリカでは、ＷＨＯ（世界保健機関）が緊急事態宣言を出した1月31日に、トランプは瞬時に２週間以内に中国へ渡航した履歴がある外国人および中国からの渡航者の入国を禁止すると発表した。

そのときトランプをレイシストと批判する民主党下院議長のナンシー・ペロシは何をしていたか。「中国人に対する人種差別は良くない」と言った彼女はサンフランシスコのチャイナタウンを訪ねて、「みんなでハグをしよう」と呼び掛け、中国人とハグをしていたのだ。

このような民主党が今回のコロナ禍において、トランプよりうまく立ち回れるとは到底思えない。

ただし、アメリカ国民にしてみると、アメリカの舵《かじ》取りを行っているのはやはり大統領だから、コロナ禍で16万人以上の死者を出し、膨大な失業者を生んだ矛先はトランプに向かうはずで、大統領選が厳しいものになるのは当然だろう。

アメリカにコロナの第2波が来ていることも、トランプ再選の大きな逆風となっている。米ジョンズ・ホプキンス大学の集計によると、8月31日の時点で感染者数は600万人を超え、死亡者数は18万3488人で、世界最多である。ほぼ新興国並みの様相を呈しており、覇権国アメリカのリーダーとしてのトランプの面目は丸潰れの格好だ。

そして何よりもトランプを逆境に導いている理由は、トランプ自身のせいというよりも、今回のパンデミックのために、大統領選挙の半年前からアメリカがリセッション（景気後退局面）に突入してしまったことだ。任期中のリセッションという不運に見舞われた過去の現職大統領の多くは、再選されず敗北を味わった。逆にリセッションでもなければ、たいていの場合は二期目は現職が勝つので、野党は強い候補を出さずに次回に備えるということもある。

20世紀に入ってから、再選を狙った現職が5回、敗戦の憂き目を見た。直近では、父ブッシュ。その前には、ジミー・カーター。いずれもリセッションのせいである。

今回の大統領戦のポイントは、民主党候補のバイデンが良いか悪いかではなく、「トランプが嫌いだ」に収斂《しゅうれん》されていることだ。

加えて注目されているのが、バイデンが副大統領を女性にすると約束したことだ。

有力な女性候補として、スーザン・ライス元国務長官やカマラ・ハリス上院議員、エリザベス・ウォーレン上院議員などの名前が取り沙汰されてきたが、8月11日には正式にカマラ・ハリス上院議員を民主党の副大統領候補に指名した。バイデンが当選すれば、ハリスは黒人系の女性では初めての副大統領となる。彼女はジャマイカ系の移民である父とインド系の移民である母のもとに生まれ、カリフォルニアとカナダのケベック州で幼年時代を過ごし、ワシントンDCのハワード大学とカリフォルニア大学へイスティングス・ロースクールで学んだ。1990年にカリフォルニア州の法曹資格を得た後、州地方検察で地方検事補として働いた。その後も検事として順調なキャリアを積み重ね、2011年にはカリフォルニア州の司法長官に就任した。2016年には当時のバラク・オバマ大統領とジョー・バイデン副大統領の支持を受けて、上院議員に選出された。移民の生活を守ることを誓約している彼女が副大統領候補になればマイノリティの人々の支持を得やすいだろうし、検察出身のキャリアを考えると、黒人青年殺害に端を発したデモで揺れるアメリカにおいて、彼らと警察当局との融和を狙った人事とも言えるだろう。

ハリウッドは、アメリカ政治の未来を先取りするような映画をときどきリリースするのをご存じだろうか。私が覚えているのが黒人大統領の映画。1990年代後半から製作していた『ディープ・インパクト』（1998年）ではモーガン・フリーマンが黒人大統領役だった。そして、『インディペンデンス・デイ・リサージェンス』（2016年）では、女性大統領をセーラ・ウォードが演じていた。たまたまそれが2016年の大統領選の頃の上映だったので、私はなんとなくヒラリー・クリントンが勝つのかなと思っていたが、まさかの番狂わせで、トランプが大統領の座を奪い取ってしまった。

だから、黒人の大統領の次には近い将来、女性の大統領が実現するのではないかと、私は思っている。ある意味、ハリウッドの道理にかなっているわけである。

仮にバイデンが大統領になった場合の副大統領の話に戻すと、やはり高齢のバイデンが再選され、計8年間の長丁場を務めるのは厳しい。途中で女性副大統領が〝リリーフ〟する可能性はかなり高いので、バイデンの副大統領候補選択はきわめて重要であった。

さらに将来的に民主党が「メディケア・フォー・オール」という壮大な医療改革を実施すれば、これは先述したように、アメリカのミレニアル世代の圧倒的な支持を受けるだろう。

ただし、「メディケア・フォー・オール」の実現には10年で32兆ドルという途方もない費用がかかる。ということは、現在もMMT的な考え方に傾斜しているアメリカの財政政策が、さらにその方向に傾くことを示唆している。ひょっとすると、アメリカはあまりに広がった格差を埋めるため、ベーシック・インカムの実現まで踏み込む可能性もある。

トランプが再選する場合を考察する

逆境にあえぐトランプが勝利する可能性を私なりに探ってみた。

まずは、大統領選を「反中キャンペーン」に仕立て上げることに成功したときだと、私は思う。失業率が高まっているなか、トランプによるアンチチャイナ（反中）、もしくはアンチイミグレーション・ポリシー（反移民政策）は支持を受けるはずだ。これを論戦の軸に仕立て上げ、展開させることができるならば、トランプはおそらく辛勝を収められるかもしれない。

なぜかというと、現在アメリカ国民の約7割が中国を良く思っていないという現実が横たわっているからである。これは歴史的に高い水準であり、国民の反中感情がトランプ再選の鍵を握るはずだ。

二つ目は、大統領選の直前に「アンティファ（アンチファシズム）」のようなグループがテロ事件でも起こした場合であろう。９・11同時多発テロほど大きな事件でなくとも、急進左派のグループが人命をないがしろにする過激な事件を起こせば、民主党に対する風当たりは一気に強まり、アメリカ国内の空気は１８０度変わるからである。

三つ目は、大統領選前に世界に先駆けてアメリカ勢が新型コロナウイルス・ワクチンの実用化に成功、大量生産を始めた場合だ。トランプはここぞとばかり、アメリカ国民に向けて起死回生のアピールを行うことができる。しかしここでも中国との競争があり、ワクチン開発競争の勝利が鍵を握ることになろう。

２０２０年６月末、「中国の人民解放軍が新型コロナ・ワクチンの試験接種を開始」とのロイター電があり、人民解放軍系の研究グループとカンシノ・バイオロジックスが共同開発したワクチンが完成間近を伝えていた。一方、７月14日には、アメリカの製薬会社モデルナの新型コロナ・ワクチンの初期段階の安全性試験で、被験者全員が抗体を獲得したことが報道され、量産化への期待が高まっている。予断を許さない展開である。

中国政策について一体感に乏しいトランプ政権

ここで先頃出版され、世界の話題をさらったジョン・ボルトン前大統領補佐官の『回顧録』についてふれておきたい。特に印象に残っているのが、「トランプ政権内に一体感がない」とボルトンが何度も強調していたことだった。

その典型は中国政策についてで、マイク・ポンペオ国務長官やピーター・ナヴァロ大統領補佐官（通商担当）のように中国強硬論者がいる一方で、ラリー・クドロー国家経済会議委員長やウォールストリート出身のスティーブン・ムニューチン財務長官などのパンダハガー（親中派）もいるし、まったく中国に関心のない連中もいて、見事なまでにバラバラなのである。

しかもトランプの強力な支持者であるカジノ王でラスベガス・サンズを持つシェルドン・アデルソンにしても、ウィン・リゾーツのスティーブ・ウィンにしてもパンダハガーであり、トランプの対中政策に少なからぬ影響を与えているはずだ。

この二人のカジノ王は、本来はマカオで築いた利権を日本に移動させるつもりだったのが、コロナ禍で実現不可能となった。したがって本音は、トランプには中国と喧嘩をしないで、早い時期に正常化してほしいと思っているはずだ。

みんな忘れてしまっているが、トランプは大統領に就任して早々にTPP（環太平洋パートナーシップ協定）から脱退した。もとよりTPPはきわめて重要なプロジェクトで、貿易面における「中国包囲網」だったはずなのに、急に主役が抜けてしまった。これで中国を経済的に締め付けるチャンスを逃してしまった。


もろもろ考察してみると、やはりアメリカとしては一面的で身勝手すぎて協調性に乏しい姿を世界に晒《さら》し続けるトランプよりも、欧州との〝一体感〟や連携を図るためには民主党に政権を戻すほうが得策であろう。バイデンの良し悪しはまた別の話である。

あとで詳しく述べるが、2020年7月1日、イギリスから中国に返還されて23周年を迎えた香港において、反政府的行動を取り締まる「香港国家安全維持法」が施行された。欧州の政治リーダーたちの怒りの反応と比べると、トランプ大統領のそれは予想外にソフトであった。

しかし「香港国家安全維持法」施行の2週間後の7月14日、香港の自治の侵害に関わった中国政府の高官らに制裁を科す「香港自治法案」に署名し、法案を成立させている。

さらに貿易などに関し、香港に与えた優遇措置を廃止する大統領令にも署名した。

中国側は内政干渉として、猛反発しており、８月半ばには、民主化運動に関わった新聞社オーナーや学生リーダーなどを次々と逮捕した。米中の対立は一層深まっている。

先に私はコロナ禍を契機に、アメリカはバーニー・サンダース的な弱者に優しい政治に変わらないといけないと申し上げた。実際に政府は大盤振る舞いを始めて、国民や企業の救済に懸命となっている。金融危機についても一息つき、回避の方向に向かっているとも述べた。

ただし、米中対立が高じて、戦争が偶発的に起きる可能性は否定できない。では戦争が起きれば株価が下がるのか？　不謹慎な物言いでお許し願いたいのだが、戦争は株式市場にとっては決して悪い材料ではない。一時的なショック安を除けば基本的に戦争相場は「買い」なのである。つまり、戦争が勃発すれば株価は上昇する。

なぜなら、戦争とは当事国が最大限にお金を使う、出費することを意味するからである。

かつての日本は戦争を前にしてお金の持ち合わせがなかったので、たとえば近代戦争の起点である日清戦争のために資金調達をしなければならなかった。日本は戦費をイギリスのジャーディン・マセソン商会経由で、ロスチャイルド銀行から調達した。

一方、相手の清国は戦費を香港上海銀行（現HSBC）に借りた。さらに敗北した清国は日本に対する賠償金をジャーディン・マセソン商会とドイツ系の「安利洋行」（のちのロスチャイルド系サッスーン）に借りた。さらにその先を見ると、多額の賠償金を得た日本はそのお金で官営八幡《やはた》製鐵所を建設したのだが、それは全体の0・2％にすぎなかった。清国からの賠償金の実に84・5％が戦費の穴埋めと戦後の軍拡費に充てられ、軍拡費の最大の支出はイギリスで建造した戦艦三笠であった。経済という視点から見ると、日本も中国も、まるでイギリス系の巨大資本の掌の上で踊らされていたような感じさえする。

ユーロ圏を幸せにするドイツのユーロ離脱

今回の米中の角逐については、本当に戦争になるかどうかは別にして、両国間の緊張は確実に高まるだろう。私は、アメリカと中国のデカップリングが今後加速していくなか、それが日本に追い風になると考えている一人である。

衣料品、日用雑貨類、レアアース、戦略的な部品などを中国に依存してきた国は枚挙にいとまがないのだが、一部を除いてそうした国は中国とのデカップリングを進めざるを得ない。そうすると、「メイド・イン・ジャパン」には追い風が吹くと私は読んでいる。

いま大変な危機を迎えている統一通貨ユーロについても一言、述べておきたい。財政規律を乱すイタリアがユーロから脱退するのではないかとさかんに言われ、それに賛同する識者もけっこう多いが、私の考えは真逆である。

ドイツがユーロから出ていき、ドイツマルクに戻ればいいのだ。そうすればドイツマルクが高くなって、ドイツが抜けたユーロは暴落、かなり安くなる。これでイタリア、スペイン、フランスなどの製造業が競争力を持てるようになる。

いまのままではドイツの一人勝ちが半永久的に続いてしまう。だから、ドイツのユーロ脱退が一番の解決策ではないのか。だが、ドイツは当然ユーロから脱退することなど絶対に嫌であろう。

ユーロ加盟国間で何が起きているのかを説明しよう。まず、ギリシャやイタリアのように財政がボロボロになっている国が、統一通貨ユーロを使っていることで、ドイツと同じ信用で資金調達できるのがそもそもおかしい。

もう一つ、ユーロ圏内では同等クラスのドイツのベンツとフランスのプジョーとイタリアのフィアットの販売価格がたいして変わらないという馬鹿げた現実がある。価格が同じであれば、よほどのアマノジャクでないかぎり、誰もがベンツを選ぶ。

けれども、プジョーがベンツの３分の２で、フィアットがベンツの半分の価格であれば、プジョーやフィアットを買う人が出てくるだろう。イタリアやスペインがずっとユーロのままで推移すれば、いずれ従業員の給与が高すぎてやっていけなくなるだろう。

観光業においても同様だ。たとえば、近年トルコの観光業が勢いづいているのは、トルコリラが大きく下落したからだ。イタリア、スペインの３分の１、４分の１の価格でトルコの５ツ星ホテルに泊まれるのなら、観光客はイタリア、スペインには行かなくなる。

すでに終わった新興国の時代

ここで改めて株式市場の動向を見てみよう。繰り返しになるが、**コロナショックの二番底はないけれど、今後あり得るのは、地政学的な要因によるショック安**だろう。

われわれの読みによれば、仮に二番底があるとしたら、日本の５月の連休中には終わっているはずであった。とすると、NYダウが2万4700ドルから2万3200ドルまで約1500ドルの調整をみたことがあったが、おそらくそれが二番底らしきものと言えた。

アメリカはお札をあまりにもジャブジャブと刷っていることから、お金の行き場がない。これはどうしたって**大バブルを形成する流れ**ができてしまっている。

以下は日米欧の財政出動規模である（今後の積み増しもある）。

日本	1兆1000億ドル
アメリカ	2兆5000億ドル
ドイツ	3200億ドル
イギリス	3250億ドル
フランス	1200億ドル

（『日本経済新聞』2020年6月5日付より）

一方、私の予想では、日経平均は2020年内には、昨年つけたバブル崩壊後の戻り高値である2万4400円を更新し、年末には2万6000円に達する。来年に延期されたオリンピック前には3万円を超え、また２０２３年までには１９８９年末の史上最高値を更新するのではないかと思う。

非常に大ざっぱな言い方をするならば、**低成長下でも耐えてきた日本株への関心が高まっている**。したがって、今後は**大きな冒険をしないで日本株を買い続ければいい**と考える。２０２０年6月19日付の『日本経済新聞』によると、「日本株を組み入れる海外ＥＴＦの6月（17日時点）の資金流出入額は7カ月ぶりに流入超に転じている」「低成長下でも成長してきた日本株への関心が高まっている」とのことである。つまり、30年間眠っていた日本株の夜明けが始まったばかりで、日本株は大バブルの時代に入っていくと考えてもよい。これから世界は低成長に陥るなかで低成長に強い日本企業に関心が集まるのは当然である。

米国株のほうはどうか。お札をジャブジャブ刷ってはいるけれど、今後は日本株の上昇レベルには及ばないと考える。日本株のほうが上がりやすい環境にあり、それは前述したように、米中緊張、米中衝突で最も利益を受けそうなのが日本であるからだ。

１９９０年以降に中国に向かった資本は、いまコロナ禍を経て中国から離れようとしている。はたしてその資本は、今度はどこへ向かうのだろうか。２０００年代であれば、それはおそらく新興国に向かったであろう。だが、２０２０年現在、新興国へは資本は向かわない。現実には資本が向かうどころか、新興国からお金がリーマンショック時と比較にならないスピードで流出している。

米国株には、ＮＡＳＤＡＱ《ナスダック》市場の決まった銘柄群（ＧＡＦＡ《ガーファ》〈Google, Amazon, Facebook, Apple〉をはじめとするＩＴ企業群やバイオベンチャーなど）にも資金が集中するのだろうが、これまで業績の割にあまりにも低評価に甘んじていた日本株にどっと世界の資金がなだれ込んでくるはずである。

なぜ新興国から資本が逃げていくのか。それはブラジル、メキシコ、トルコ、南アフリカなどＧ20に入っている主要新興国自体の成長が止まっているからにほかならない。これらの国の一部においてはすでにミドルインカム・トラップ（中所得国の罠）に嵌《は》まった可能性が高い。新興国が経済発展していき、中所得の段階（一人当たりＧＤＰ1万ドル程度）になると、経済成長が鈍化するものである。

一方では、たとえば南アフリカのようにさまざまな国内の構造問題を解決できず、ミドルインカムにさえ到達していないところがある。これが厄介なのは、南アフリカにしろ、メキシコにしろ、アフリカ各国もそうなのだが、もともと経済成長率がそんなに高くないのである。

主要な新興国のなかで成長率が最も高かったトルコにしても、潜在成長率は5％程度でしかなかった。現在のトルコについてはコロナ禍で、少々ガタついている。メキシコなどは2％程度。新興国の平均成長率が2〜3％では話にならない。

高度成長を遂げた日本の1960年代、中国の1995年以降のように2ケタ成長でなければ、リスクの割には果実が少ない。

たとえばアフリカ各国は伸びしろがあると言われているが、アフリカのなかでいま比較的に発展しているナイジェリアにしても潜在成長率は低い。他方、アフリカ各国のなかでリベリア、シエラレオネなどまったく発展していない国の成長率は5〜6％と高い。けれども、そうした国はこれといった資源もなく、開発に膨大な時間を要する。

本書を読まれて意外に思った方が多いのではないか。ことほどさように、われわれが想像するほど新興国の成長率は高くはない。それが新興国共通の問題であると思う。

もう一つ新興国の厄介なところは、リーマンショック以降、先進国の中央銀行が刷りまくったお札を新興国は借りまくったのだが、そのお金で生産的な付加価値を生むようなことを行ったのかといえば、そうではなかった。もちろん一部ではインフラ投資は行われたものの、ほとんどは消費に回っていた。

つまり、日本を含めた先進国から借りたお金で自国の産業を発展させたわけではなかったのである。戦後に急成長した日本を筆頭に、韓国、台湾など東アジアの国々は新興国のスタンダードではなく、むしろ例外であると考えたほうがいい。新興国はすべて東アジアの国々ほど優秀ではない。これはちょっとみなさんが勘違いしているところなのかもしれない。

今後、脱中国の恩恵も受けるであろうベトナムにはまだ伸びしろはあると思うし、インドも対中軸の重要な国としてグローバル資本が集まるので成長を期待できる。

しかしインドは中国のように、四半世紀にわたり2ケタ以上、あるいは2ケタに近い成長を遂げ世界経済を引っ張れるかというとそうでもないと思う。

東アジアの国々や中国は特別なのだ。そういう意味での新興国ストーリーは、私に言わせれば、すでに終わったわけである。

対中向けに復活した「ＩＥＥＰＡ（国際緊急経済権限法）」

すでにアメリカは中国に対して戦略的強硬策を取ることを念頭に置いた法案を復活させている。「ＩＥＥＰＡ（国際緊急経済権限法）」である。緊急時に大統領の権限を拡大することを定めた法律で、１９７７年に施行された。

大統領がアメリカの安全保障や経済に重大な脅威を及ぼすと判断すれば、国家非常事態を宣言して対象国との経済的な取引停止を命じることができると規定されている。

これにより、大統領はアメリカ企業に中国からの撤退を命じることができる。この法律は過去にテロや人権侵害を理由にイランやリビアなどに適用されてきた。

たとえばこれをトランプが行使するならば、自動車生産のＧＭ（ゼネラル・モーターズ）やテスラ、建機メーカーのキャタピラー、ウォルマートなどの小売り大手が対象となる。

だが、非常事態宣言は相手への敵対姿勢を鮮明に打ち出すものだ。それは貿易摩擦にとどまらない経済全般での事実上の宣戦布告とも受け取られかねない危険を孕《はら》む。

ＩＥＥＰＡ復活について、アメリカの経済界はいまのところはトランプ流の交渉術の一環と見て、行方を見守っている。

多くのアメリカ企業が長年、中国でビジネスを展開し利益を上げてきた。その利益を損ねることをトランプ大統領は決して望んでいないはずだ。大統領は米中貿易交渉に向けて一種の脅しをかけているのだろう。いずれにせよ、アメリカは戦略的な製品はすべてアメリカ国内で製造することを目指している。

もう一つ、コロナショックを受けて、アメリカは１９３０年代の大恐慌後の大型インフラプロジェクト、ニューディール政策を再び敷こうとしている。かつてのニューディール政策でいちばん代表的なものは１９３６年に建設したフーバーダムである。

米海兵隊シフトチェンジの意味

２０２０年３月、米海軍の先鋒として海外での武力行使を担う専門部隊である米海兵隊が、今後10年間の計画を発表、かなり大きなシフトチェンジが行われた。最大の変更点は、10年以内に戦車大隊を廃止、戦闘機の数も減らすことだ。加えて、歩兵部隊と砲兵部隊を削減する。その一方で、海洋戦闘能力を高めるというのが概要。かつての太平洋戦争時のような戦略に切り替えてきているわけだ。これは**今後のメジャーコンフリクトは西太平洋で起きる**というシナリオを基にしたシフトチェンジとも言える。２月末、アメリカはアフガニスタンのタリバンと和平合意したのを見てもわかるように、おそらく中東におけるアメリカの軍事オペレーションも次第になくしていくのだろう。

そんななか、アメリカのシナリオを裏打ちするような出来事が起こった。

８月26日、米国防当局は、中国軍が26日朝、中距離弾道ミサイル４発を南シナ海に発射したと明らかにした。弾道ミサイルのひとつはグアムを射程距離に持つＤＦ26であり、海南島と西沙（パラセル）諸島の間に着弾したという。25日には米軍の偵察機Ｕ２が中国の定める飛行禁止区域に侵入したとして中国が抗議しており、米軍の行動に強く警告する狙いがあったと思われる。一方トランプ政権は26日、南シナ海の軍事拠点の建設に関わった中国の企業と個人に制裁を科すことを発表、さらに中国企業24社に事実上の禁輸措置を科すなど、圧力を強めている。このまま米中の対立が激化していけば、日本が米中の衝突に巻き込まれる可能性も皆無とは言えないが、最終的に戦争にならないように双方が牽制しあうのではないかと思っている。

第2章

復活するアメリカ主導経済

パンデミックが救った金融崩壊

アメリカはこれまでの弱肉強食的な勝ち負け社会から、かつてのイギリスほどではないにせよ、弱者保護の観点に立った社会になっていくのだろう。

逆にアメリカはそれぐらいやらないと、今後の米中のイデオロギー戦争において、アメリカ国民が政府に味方をしてくれない可能性が出てくる。視点を変えれば、今回のコロナ禍はアメリカ社会が変わるためのものだったとも言い得る。

１９８１年から約40年間、アメリカ政治をハンドリングしてきたのはレーガン・アジェンダであった。減税、規制緩和、その他の新自由主義《ネオリベラル》的な経済政策を、共和党を中心に推進した。だが、年月が経てば経つほど明白となったのは、格差の拡大だった。そして２０１０年以降はそれがさらに醜悪化し、「1％対99％」「強欲資本主義」「自社株買い」などの言葉に集約されるような末期的症状を示してきた。

したがって、アメリカはパラダイム・シフトを起こさなければならない時期にきていた。だからこそ、アメリカはいま、コロナ禍に対して必要以上に騒いでいるのではないか。

生物学を学んだ私の本音を述べれば、今回の新型コロナウイルス感染症は大変なパンデミックではあるとはいえ、ここまで世界的な大騒ぎになったのは驚きであった。これまでもさまざまなパンデミックは起きているし、これからも起きるだろうし、新型コロナに匹敵する疫病は2、3年に一度は発生するのではないか。毎回こんな大騒ぎをしていたら、人類はもう疲れ果ててしまうだろう。

また、こんなに騒いでいる理由の一つにはSNSの発達が大きい。SNSのおかげで、世界中のどこかで起きていることが自分のベッドルームで起きているかのような感覚になるわけだ。SNSは、ネガティブニュース、悲観論を拡散するにはきわめて便利な手段である。

2003年のSARS《サーズ》（重症急性呼吸器症候群）禍とちがい、なぜこんなに騒いでいるかといえば、ひとえにSNSの力によるものだと言っていい。2009年の豚インフルエンザ（H1N1）のときも、実際、世界中で約15万～57万人が亡くなったとされているが、世界がそんなに騒いだという記憶は私にはない。

今回はもちろんSNS効果もあるけれど、加えて、コロナ禍は経済対策のための口実にも確実になっている。

アメリカの企業債務は恐ろしいほど膨れ上がっていた。コロナ禍でFRBが出動したことによって、未然にそれがパンクすることを防ぐことができた。私自身も、アメリカはどのみちパンクすると見ていた。というのは、アメリカの企業債務が実に約15兆ドル（約1600兆円）以上に膨れ上がっていたからである。その約半分近くの格付けは投資適格ぎりぎりか、投資不適格のジャンクボンドであった。

こうした筋の悪い企業を、通常の経済危機に見舞われたときに救済しようとしても、絶対に共和党左派が反対をするし、民主党はまず応じない。民主党のプログレッシブ派が許さない。けれども、今回はそうした救済案もあっさりと通った。

FRBの無制限QEとか、いままであり得なかった規模のレポオペ（米国債などを担保に資金を供給する買いオペレーション）とか、何でもありだった。すべて社債バブルの崩壊を防ぐためだ。その意味では、新型コロナウイルスを誰かが意図的に撒いたとは思わないけれども、それをよい口実にしてうまい具合に、大きな政策が実施できたのではないだろうか。

要は、金融崩壊を起こさずに、有事の政府出動という名の下に、結果的にバブル破裂をチャラにしてしまった。

今回のことは誰のせいでもない。

さらに言うならば、**未来に起きるはずであったさらに大きな金融危機を防いだ**ということである。つまり**もっと大きな金融危機が起こるはずだった状況を、コントロール可能な範囲のバーストで済ませた**。今回は人命がかかっているので、誰も文句を言わない。

戦時下と同等のスピードと共和・民主両党の支持を得て、アメリカ政府は国民、企業を救済し、そしてマーケットの崩壊、メルトダウンを防いだ。

2008年以降、中国頼みとなっていた世界経済

さらに大きな出来事はおそらく、今回のことにより、2008年以降の中国主導経済をふたたび**アメリカ主導経済に戻した**ということだろう。

周知のとおり、2008年以降、世界は中国頼みとなっていた。2009年、4兆元（当時のレートで約57兆円）という大規模な経済対策を打った中国は、成長エンジンとして世界経済を牽引した。それに伴って、当然ながら、中国の政治的な地政学的な重要性も高まっていった。

加えて、世界のなかでの中国の政治的な発言権も高まったし、習近平体制が生まれた背景、もしくは習近平国家主席がここまで強気に出られた背景には、ある意味、経済的なリードがあった。世界が中国に依存している面を捉えて、習近平はこのアドバンテージを使うべきだと考えたにちがいない。

こうした感覚は日本の80年代後半に近いのではないか。バブル時の日本経済が世界を牽引し、日本のアセット（資産）が膨らみ、バブルになっていった時代だ。当然、それに伴って、日本により政治的な発言力を高めてほしいといった各国からの要望も高まったし、それこそ「NOと言える日本人」のような考え方も日本のなかでも高まったわけである。

中国の場合も、それに近い感じがある。ただ、今回のコロナ禍で世界経済の主導権をアメリカが取り戻すと、私は見ている。

現在の世界のコンセンサスは、中国のせいで新型コロナウイルスが生まれ、中国のせいで感染拡大し、パンデミックとなったというものだが、今後のプロパガンダ戦争の展開においては、これはきわめて重要なことである。

疫病とかパンデミックが発生するのは致し方のないところがある。中国以外からはこれまでに中東でMERS《マーズ》（中東呼吸器症候群）と呼ばれるコロナウイルスの一種が出ているし、メキシコとアメリカでは豚インフルエンザが発生している。

ただ今回の新型コロナウイルスのケースは、いわば〝SARS2号〟だったということが重要なポイントとなる。2003年に起きたSARSの発生源となったのは中国の南部に位置する広東省のウェットマーケット、野生動物の取引所であった。そして、中国独特の食文化。これらが原因でSARSが発生した。

それから17年後、湖北省と場所こそちがうものの、同じく野生動物の取引を行う市場を持つ場所を起点に再度、世界的なパンデミックが発生した。


しかも、その初期段階で事実を隠蔽して全世界に広げてしまった。このことについて、中国は必ず大きな代償を支払うことになるはずだ。

アメリカは中国に対して数十兆ドルにおよぶ損害賠償をさせる準備をしているようだが、私はあまり現実的ではないと思う。中国も払う気はさらさらないようだが、別の形で払わされるのではないか。

たとえば、それはメイド・イン・チャイナ離れだったりする。なるべく中国製のモノを買わないようにするとか、アメリカは政治的にアマゾンのようなオンライン・リテーラーに圧力をかけることができる。

アメリカで中国製品が安い本当の理由

そもそもなぜアメリカに中国製品がこれほど浸透しているのか？　価格が安いことが一番の要因なのだが、それには一般の人たちが見逃していることが大きく関わっている。

それはアメリカの郵便公社（ＵＳＰＳ）と中国が特別協定を結んでいて、ゆえにアメリカ国内から小包を送るよりも、中国から送ったほうがはるかに安いのである。

万国郵便条約では、各国が自国から相手国までの輸送料金を負担する。相手国側に入った後は、相互主義で相手国の郵便機関の責任でデリバリーすることと決められている。

実際、中国から小包をアメリカに送るには船便程度で済む。アメリカに着いた中国製小包についてはＵＳＰＳが引き受けている。

中国はこの仕組みを利用して膨大なメイド・イン・チャイナ製品をアメリカ向けに郵送し続けてきた。言い換えれば、郵便貿易である。では、アメリカも中国に対抗すればよいと思われる方がいるかもしれないが、あいにくアメリカが中国に供給しているのは農産品や天然ガスなどで、郵送で個別発送できるものではない。ここでも中国は特有の狡猾《こうかつ》さを発揮していると言える。

ホワイトハウスが調査を進めて判明したのは、ＵＰＵ（万国郵便連合）において中国に適用されているアメリカ向け小包の配送料金はアメリカ国内配送料金を40～70％下回る水準で、これは年間３億ドル（約３２０億円）規模のコストに相当するという。

中国に収益を圧迫されたＵＳＰＳは大規模リストラに踏み切ったが、赤字はなかなか減らない。そこで業を煮やしたトランプは２０１８年、国際郵便業務のルールを定める万国郵便条約から脱退する方針を表明した。正式撤退した暁には、中国からアメリカへの送料は従来の６～７倍になると言われていることから、中国の軽工業には大打撃となるのは必至だろう。

その一方、トランプは米中貿易戦争を始めて、関税の上乗せによって中国製品の価格を徐々に上げている。おそらくトランプは関税の上乗せと万国郵便条約からの脱退の二段構えで、アメリカ企業が中国でモノをつくらなくてもよいとするレベルに持っていきたいのだろう。

その意味でも、実は日本のポジショニングのほうがアメリカ企業よりも有利だ。なぜか。

中国と日本には敵対的だった歴史があるから、日本の製造業は中国に工場を建てたとしても、「チャイナ・プラスワン」といって、別の国に工場を建てるといった二段構え、要は保険をかけざるを得なかった。

たとえば日本の主要メーカーは、中国に工場をつくったら、タイ、ベトナム、インドネシアあたりに生産拠点を設け、有事に備えていたのである。

したがって、中国から撤退した日本企業は依然として東南アジアに工場を持ち、操業させている。こうした現実を考えると、アメリカのほうが中国頼みの比重が大きかったということだろう。

世界のデフレを主導した中国とアマゾン

いま、アマゾンで売られている電気製品やパソコン、ゲーム機などが値上がりしているのをご存じだろうか。その要因は中国からの部品供給が滞っていたり、通関に時間がかかっているためだ。

これはインフレの兆しだなと、私は直感した。今後はメイド・イン・チャイナ製品は容易に手に入らなくなる可能性がある。**中国とのデカップリングが進むと、中国からモノが簡単に来なくなる**。そうすると当然ながら、**世界的にインフレが進む**。自国の産業を守るためには致し方のないことだし、そうならざるを得ない。

かなり前から中国メーカーとアマゾンは相思相愛の関係にあった。アメリカや日本のメーカーが新製品を開発すると、中国がすぐにノックオフ（廉価なコピー）商品をつくる。そのノックオフ商品を中国側がどういう方法で世界に販売するのかというと、ほとんどがアマゾンのようなネット通販経由なのである。

アマゾンはおかしいと私が思うのは、これまで中国発のノックオフ商品をまったくと言っていいほど取り締まってこなかったことだ。日米のメーカーが抗議しても、アマゾン側は知らん顔で通してきた。日本企業はおとなしいけれど、アメリカの企業は大きな声をあげてアマゾンと戦っているところも結構ある。

ただしこれからアマゾンには逆風が吹く。米中のデカップリングにより、中国はこれまでのように容易にコピー商品を売れなくなってしまうからだ。

そうすると、これまでアマゾンの通販サイトで見て、「これ、安くていいな」と飛びついたものが中国から入ってこなくなる。イヤホン、ヘッドホン、ゲーム機、テレビなどは中国からそう簡単には入ってこない。したがって、中国のノックオフ商品に依存していたアマゾンで売られている電気製品の価格は全体的に高くならざるを得ない。もしくは関税をかけられて高くなることから、必然的にインフレが発生することになる。

中国の知的財産権侵害を容認している日本人はほとんどいないと思う。しかしながら、個人レベルの感覚でメイド・イン・チャイナをボイコットすることはあまり意味がない。なぜなら、ソニーも任天堂もブランドは日本企業だが、その製品のほとんどはメイド・イン・チャイナであるからだ。

中国とのデカップリングを進めるのは、あくまでも国家レベルでの話だ。ただそれでも、オルタナティブ（代替品）があるものについては、私はメイド・イン・チャイナ以外のモノを買うように心掛けている。マスクと服はメイド・イン・ジャパンという具合に。

これからは徐々に身の回りのものがメイド・イン・ジャパンに回帰するのだろうが、それは日本国民がどうこうするのではなく、これから起きてくる構造的な変化に委ねていればいい。

先ほども述べたが、そこで必然的にモノの価格は上がることから**インフレが発生**する。

そしてそれは**株価の上昇要因**となる。

株価も生活物資の価格もパラレルで上がっていく。逆に言うならば、これから40年間も続くであろうインフレの時代においては、現金をタンス預金していては駄目なのである。現金を置いておくだけで価値が目減りする。

日銀が発表した個人金融資産は２０１９年度末で１９０３兆円にものぼる。そのうち現金・預金は全体の約53％を占め、１００８兆円もある。インフレが到来したら、デフレ時代とちがい、現金・預金といった金融資産は目減りする。多くの国民が何か投資をしなければ損をするのだと目覚め、あまりに割安企業の多い日本の株式市場に向かえば、大変なことになる。私が前著『米中新冷戦のはざまで日本経済は必ず浮上する』（かや書房）で予測した「令和の時代の日経平均株価30万円」どころではないかもしれない。

アメリカは中国を絶対に許さない

ところで、米財務省によるとアメリカの財政赤字は２０２０年６月までの時点で累計はすでに２兆７４４０億ドルに達し、連邦政府の年度末である９月末までには３兆８０００

億ドルに膨らむのではないかと予想している。

アメリカはあのベトナム戦争で約５万８０００人の兵士を死なせた。そしてベトナム戦争にかけたコストは、現在の価値に換算すると約1兆ドルと言われている。

アメリカの財政赤字が約４兆７４４０億ドル、コロナの死者が16万人超（２０２０年８月30日現在）。ということは、すでにベトナム戦争の３倍以上の人的・財的コストをアメリカが支払っているということだ。

さらに重要なのは、２０２０年5月6日のインタビューにおけるトランプ大統領の発言である。「新型コロナウイルスはアメリカが受けた攻撃のなかで、最悪の攻撃だった。パールハーバー（１９４１年）よりも、世界貿易センタービル（２００１年の米同時多発テロ事件）よりもひどい。これは発生源の中国で止めることができたはずだ」と述べた。

本来、私はトランプ派ではない。彼は典型的なデマゴーグで、本気にしていないことでも簡単に口に出すし、ディール（ｄｅａｌ／契約・取引）に勝てば機嫌が良くなるように、彼にはイデオロギーの軸がないからだ。

そんな彼が、このインタビューで本音をポロリと漏らしてしまったということは、トランプの周囲でこれを語っている人たちがいるということである。トランプのアドバイザリー陣営、それはペンタゴン（国防総省）の将軍たちかもしれない。

つまり、アメリカという国家の上層部の一部において、真珠湾以来の攻撃を受けたと思っている人たちが存在することを意味する。

トランプはころころと意見を変えることが多いのだが、この件に関してだけは「なんだこれは。真珠湾攻撃よりひどいことをアメリカはやられた」と、多くのアメリカ人のマインドに植えつけてしまったにちがいない。

これはけっこう大きなことで、アメリカは何らかの形で中国に請求書を突き付けるのだろうなと思わざるを得ない。

もし中国がそう受け取っていないならば、中国は現実離れしているというか、習近平国家主席はリーダーシップを失ってしまったと言える。もしくは、中国の想定範囲内の可能性もあるが、これからアメリカの反撃は必ずある。

もちろん、今回のパンデミックは中国だけのせいにはできない。確かにハグ、キスをし、しかもマスクをしない習慣のアメリカ人も悪かった。けれども、アメリカにしてみれば、攻撃を受けたようなものである。

そして中国の初期対応がいかにも怪しかった。意図的に世界に新型コロナウイルスを広げているると疑われてもおかしくないようなことをやっていた。自国内で厳しい移動制限を行っているのに、中国人の海外への渡航は規制しなかったことで、春節期間に７００万人以上の中国人が出国した。

中国政府は、武漢で自国民が新型コロナウイルスにやられたのだから、全世界にもばら撒かれても仕方がないとでも思っていたのだろうか。自国だけやられて、他国がやられないのは、中国が相対的に弱体化してしまうことを意味する。それを防ぎたかったのかもしれない。武漢を厳しくロックダウンしたにもかかわらず、中国政府は人から人への感染を長らく認めようとさえしなかった。

ＷＨＯもおかしかった。各国が渡航制限に踏み切ろうとしていたとき、それをしないように各国にアドバイスしていた。これはあきらかに中国側がＷＨＯに圧力をかけていたからだ。さらに、中国はＷＨＯの公式スタンスを口実にして日本を含む各国に渡航制限を敷かないように圧力をかけた。結果的には、春節期間を利用して世界に新型コロナをばら撒いたことになった。

台湾当局が２０１９年12月末、今回のウイルスは人から人へ感染を確認したとＷＨＯに報告したのに、中国当局はずっと隠蔽してきた。そして、海外へ向かう中国人を自由にし、国際フライトも止めなかった。

日本も習近平の国賓訪日の件に忖度《そんたく》したため、渡航規制をかけるのが遅れた。ある人が、この件について、「中国にしてやられた感がある」と言っていたが、そのとおりだと思う。

もし中国人が欧米人を舐《な》めているのであれば、それは大きな勘違いである。欧米人はみな今回の件についてはそうとう根に持っている。

中国の反米的、反欧州的な面に割合シンパシーを持っているトルコでさえ、今回のコロナ禍については凄まじく怒っている。

トランプの発言はでまかせが多いのだが、このときの「感染は中国で止めることができた」という発言に関してはそのとおりだと私は思う。

それに対して中国は謝意を示すどころか、開き直りの態度を見せた。いわく「われわれのようにしっかりとロックダウンして監視体制を敷けば、そんなに被害は拡大せずに済んだはずだ」と。

中国は春節の中国人の対外渡航を止めるどころか、中国人渡航者の入国制限を敷こうとする国々に圧力をかけた。みんな忘れているかもしれないが、アメリカに対しても、トランプが1月末に中国からの渡航者の入国を禁止する方針を発表したとき、中国外務省が激しく噛《か》みついた。

明白なエビデンスは提示できないとはいえ、状況証拠的には、中国は新型コロナウイルスをばら撒かれるのを黙認したと思われても仕方がないだろう。日本もその被害者である。

その後、自国の感染拡大が収まってきて、海外の感染拡大が勢いづいてきたら、中国は外国人の中国への渡航を完全にシャットアウトした。

そして、当然ながらアジアの周辺国にもパンデミックは襲いかかり、各国を弱体化させた。それをきっかけに、東シナ海や南シナ海で軍事演習を行ったりして、覇権拡大を狙っている。今回の中国武漢発のパンデミックとは、第三次世界大戦の幕開けを告げる先制攻撃のようなものでないことを祈るばかりである。

最後に中国らしいふるまいを報告しておこう。先般、オーストラリア当局が新型コロナウイルスの発生源を探ろうとアクションを起こしたら、中国政府はすぐさまオーストラリアからの牛肉の輸入をストップした。中国とはそういう国なのである。

アメリカの暴動と大統領選挙の関係

ところで、アフリカ系男性暴行死に端を発したアメリカのBLM運動（Black Lives Matter）についてだが、これはおそらく自粛疲れというか、ロックダウンと失業によって溜まっていた不満の捌《は》け口《ぐち》にもなったため、ここまで拡大したのではないだろうか。

白人警官に殺された黒人男性も直近で失業していたというし、暴行した警官はかつて警備員として働いていたときに亡くなった男の同僚だったようである。もともとアメリカには差別の問題がずっと横たわっているのだが、今回のコロナ禍がそれを際立たせてしまった感がある。なぜ新型コロナウイルスによる黒人の死亡率は白人の約2・4倍も高いのか。なぜ黒人の失業率は格段に高いのか。なぜ白人の資産は黒人の約13倍におよぶのか……日頃から鬱積した怒りが再度、噴出した格好である。

イギリスを拠点とする路上芸術家であるバンクシーが「これは彼ら（黒人）の問題ではない。白人が直すべき問題だ」と主張したが、それに共感を覚えた白人も少なくなかった。

他方、アンティファというアメリカの過激派団体がデモをオーガナイズしており、一部においてはその裏に中国、あるいはロシアがいるのではないかというメディアの指摘もある。実際どうかはわからないが、可能性はゼロではないだろう。

一方で、中国は香港のデモについてバックにアメリカがいると主張している。結局は〝新冷戦〟状態だから、そういう話になってしまうのだろう。

第1章でも解説したが、ここで改めて今秋のアメリカの大統領選挙について考察してみたい。4月に14・7％だった失業率は7月には10・2％と改善したとはいえ、依然として観光関連、内需系製造業、外食などのサービス産業では大量のレイオフが行われている。たとえばいま、アメリカで最も失業率が高いのが、観光産業をメインとするネバダ州である。次がミシガン州で、ここはラストベルトと呼ばれ、製造業の衰退が著しい。第3位はこれまた観光のハワイ州である。

ネバダ州では伝統的に強い民主党が勝つのだろうが、けっこう重要な州として注目されるミシガン州でトランプが負けてしまうと、政権交代となる可能性は一気に高まるだろう。

ミシガン州は、製造業に従事している白人のブルーカラーが多い地域でもあり、彼らの多くがトランプの支持者であった。〝隠れトランプ〟も多く、強い支持基盤であったが、全米に広がるＢＬＭ運動以降は、その基盤も揺らぎつつあり、選挙の方向も見えなくなってきた。

民主党候補のバイデン前副大統領の支持率は、トランプ大統領の支持率に対してじわじわとリードを広げてきた。米モンマス大学の調査結果は以下のとおりであった。この5月～8月において、トランプの支持率はバイデンの支持率に10ポイントほどの差をつけられている。

	トランプ	バイデン
4月	44%	48%
5月	41%	50%
6月	41%	52%
7月	41%	53%
8月	41%	51%

しかし、8月後半からは、トランプが支持率を上げて、バイデンの支持率に4～5%差に迫っているという報道もあり、なおも予断を許さない。

第3章

イデオロギー対立となってきた米中新冷戦の激化

ブロック経済化や新冷戦へと傾斜する世界

私自身は２０１６年の後半から、メディアに招かれたとき、シリア内戦やウクライナ危機により、すでに世界において新冷戦の構図が見て取れると指摘してきた。しかし賛同する人は多くなかった。

その頃はジャーナリストでさえ「冷戦」という言葉にリアリティを感じる人が少なかったかもしれない。

けれども、２０１１年に端を発した9年にもおよぶシリア内戦には新冷戦の萌芽がはっきりと見えていた。アサド政権を支持していたのは中国、ロシアなどだったし、一方の反政権側支持はアメリカ、イギリス、フランスなどで、こうした構図はあたかも20世紀の冷戦の東西陣営そのものだったからだ。

さらに２０１４年に起きたロシアのウクライナ侵攻においても同様の対立が発生し、地政学的断層が露呈した。メディアを通じて私は一貫して、この新冷戦はアメリカと中国を主役に深刻化すると申し上げてきた。

なぜなら、**新冷戦は経済的覇権をめぐる争い**だからだ。中国はこの四半世紀の間、低廉な製造コストを武器に、世界の工場の役割を果たしてきた。しかし、中国はその裏側であの手この手で他国の知的財産を盗み、研究開発費を浮かせていた。

さらに中国は、自国の市場からグーグル、ツイッターなどアメリカの主要ＩＴ企業を締め出しておきながら、そのビジネスを模倣したアリババグループ（阿里巴巴集団）やテンセント（騰訊控股有限公司）などの企業を巨大化させ、アメリカで上場させるという厚かましいことをやってきたのである。つまり、アメリカは中国に庇《ひさし》を貸して母屋を取られた格好の被害者と言える。

後述するが、歴代のアメリカ政権にはどうも中国に対して生ぬるいところが垣間見えていた。そこを中国は徹底的に突いて、国力をアップさせてきた。

それにストップをかけたのがトランプ大統領で、中国からの輸入製品に大型関税をかけて自国のコスト競争力を高めようとした。さらに、21世紀の覇権の鍵、５Ｇ技術で有力なファーウェイ（華為技術有限公司）を締め出した。一部のメディアは、５Ｇネットワークをめぐりトランプがファーウェイ排除に出て欧州先進国や日本に追従を求めたことを、さもアメリカが中国に喧嘩を売ったかのように報じたが、実際には被害者のアメリカが加害

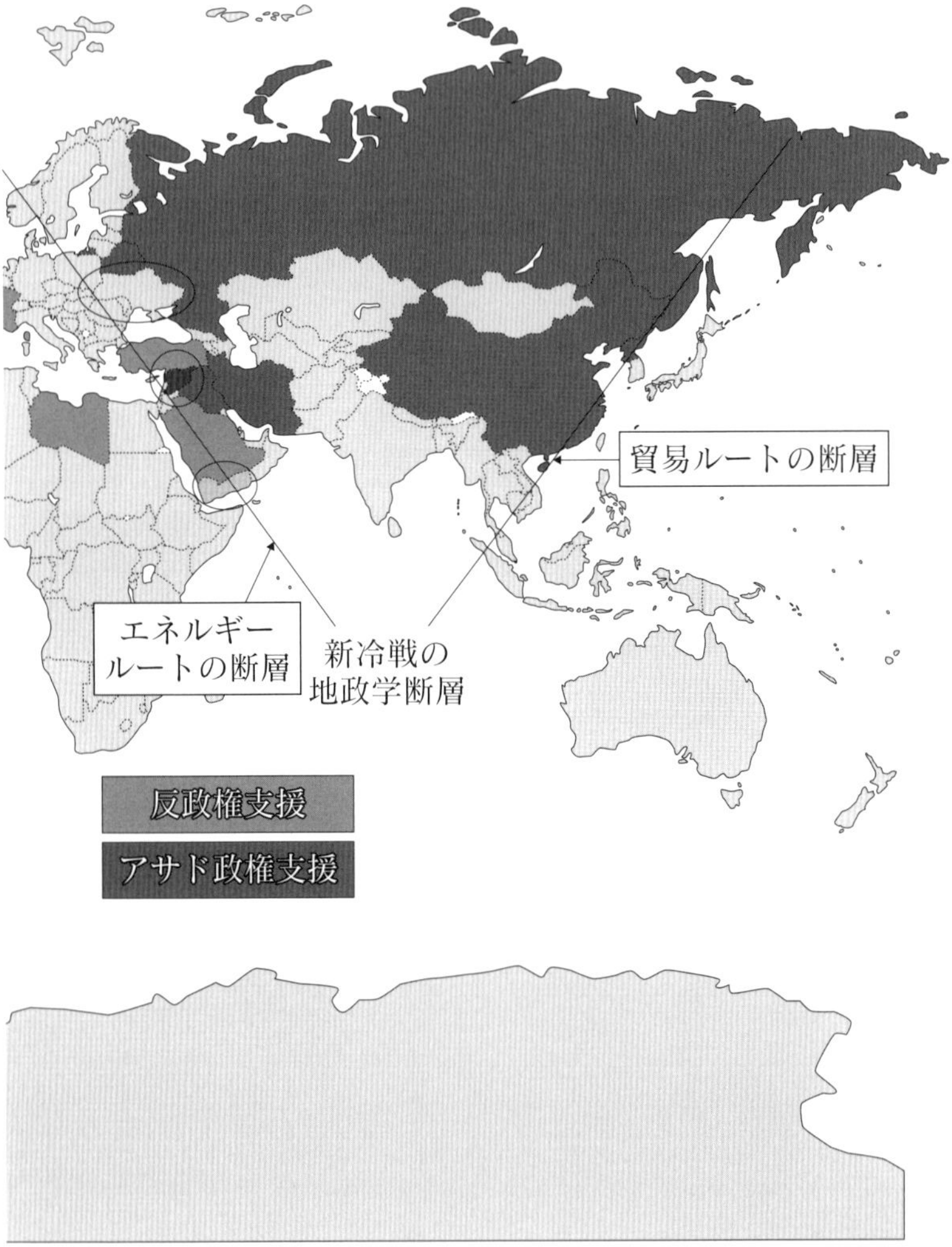
貿易ルートの断層
エネルギー
ルートの断層
新冷戦の
地政学断層
反政権支援
アサド政権支援
（資料提供／複眼経済塾）

シリアの内戦とウクライナ危機で明らかになった新冷戦対立

者の中国に対してようやく反撃に転じたにすぎない。

米中貿易摩擦などと言われているが、実態は新たな冷戦だ。今回のコロナ禍における中国のふるまいを見て、中国が民主化する見込みはほぼ不可能だと各国は強く認識したはずである。**経済のグローバリズムは終焉に向かい、ブロック経済化や新冷戦へと大きく傾斜してゆく**と私は読んでいる。

新冷戦時代を宣言したポンペオ国務長官

２０２０年７月21日、米国務省は中国政府のスパイ活動や知的財産の侵害の拠点となっているとして、テキサス州ヒューストンにある中国総領事館を72時間以内に閉鎖するよう命じた。３日後の24日、同総領事館は閉鎖された。

中国外交部（外務省）はすぐさま反撃。24日、四川省成都にあるアメリカ総領事館を72時間以内に閉鎖すると宣言し、27日に成都総領事館は閉鎖となった。

米国務省高官はサンフランシスコ中国総領事館についても「シリコンバレーを狙うスパイ活動の拠点だ」と明言しており、総領事館閉鎖をめぐる米中の応酬は今後も続くものと思われる。

こうした危うい空気が醸成されるなか、ポンペオ国務長官は7月23日、「共産主義の中国と自由世界の未来」と題した演説を行い、中国との厳しい緊張関係が新たなステージに入ったことを、世界に向けて訴えた。

演説の場に選んだのは、1970年代以降の対中政策の指針を示したリチャード・ニクソン大統領の名を冠した、カリフォルニア州のニクソン大統領記念図書館。ポンペオ長官はニクソン政権からスタートした中国への関与政策の〝終焉〟をきわだたせるため、わざわざここに来たのだろう。

「中国が変わらなければ、世界は安全にはならない」と言及したニクソン大統領が1972年に訪中を果たして以来、アメリカの歴代政権は中国に対して関与政策をとってきた。その裏側には、貧しく弱い中国を豊かに強くするためにアメリカが支援すれば、やがて中国は中産階級の多い民主主義的な穏やかな国家に変貌してゆくだろうという、期待が宿っていた。

米中国交樹立から40年が過ぎた時点で、自分たちが中国に巧みに利用され、巨大なフランケンシュタインに育てあげてしまったことにアメリカはようやく気づいた。アメリカは猛省とともに、対中強硬路線に転じた。

それにしてもこの日のポンペオ長官の演説は強烈であった。最も印象に残っているのが以下のフレーズだ。

「(中国共産党の) 習近平総書記は、破綻した全体主義のイデオロギーの真の信奉者だ。中国の共産主義による世界覇権への長年の野望を特徴付けているのはこのイデオロギーだ。我々は、両国間の根本的な政治的、イデオロギーのちがいをもはや無視することはできない。

レーガン元大統領は『信頼せよ、しかし確かめよ』(trust but verify) の原則にそってソ連に対処した。中国共産党に関していうなら『信頼するな、そして確かめよ』(Distrust and verify) になる」(『日本経済新聞』2020年7月24日付)

そして、私を驚かせたのは、ポンペオ長官が中国共産党と中国人民を区別したことであった。「世界各国と中国人民は、中国共産党の行動を変えるために共に闘おう」と呼び掛けたのだ。おそらくポンペオ長官は、中国共産党が最も恐れているのは自国民であることをしっかり認識していると思われる。

それは中国政府の支出に如実にあらわれている。毎年、国内の治安維持を主目的とした公共安定費が国防費を上回っているからである。

このポンペオ演説について欧米メディアの多くは「新しい鉄のカーテンが降ろされた」と伝えた。つまり、新冷戦が始まったのだと。

世界はふたたび二つに分断された。われわれはすでにアメリカと中国の角逐は単なる経済戦争の枠を超え、イデオロギー問題に発展、**新たなる冷戦の時代を迎えた**のだと捉えるべきであろう。

中国の監視システムをめぐる賛否

２０２０年5月12日付の『日本経済新聞』の「オピニオン」欄を読み、ようやくメインストリーム・メディアが私の考えにキャッチアップしてきたなと感じた。

その冒頭にこうある。

40年超にわたり冷戦で対峙した米ソと異なり、米中には対決を防ぐ2つの歯止めがあるからだ。

第1に中国はソ連とちがって、共産主義を世界に広めようとしているわけではない。対立は経済や軍事の領域にとどまり、イデオロギーの対立にはならない。

第2に貿易や投資がわずかだった米ソとは対照的に米中の経済は深く結びつき、切っても切れない関係にある。

トランプ政権の当局者らにたずねても「米中は米ソと異なり、冷戦にはならない」との声が、つい最近まで聞かれた。

しかし、この2つの前提は明らかに崩れかけている。このままなら、米中は新型の冷戦に突入してしまうと感じる。

とりわけ気がかりなのが、米中の角逐がイデオロギー対立の色を帯びてきたことだ。コロナにより、米国では死者がベトナム戦争を超えた。その怒りは中国共産党の体質に向けられつつある。

コメンテーター氏は米中が冷戦になるとは思わなかった。ところが、コロナをきっかけに米中はイデオロギー対立に発展しつつあると懸念しているのだ。米ソ冷戦のときは、「資本主義vs共産主義」であったが、今回は「民主主義・自由主義vs監視独裁主義」の様相を見せている。

中国式監視モデルのほうが欧米モデルよりも、今回のコロナ禍のなかで効果を発揮した。われわれのモデルのほうが彼らよりも優れていることを証明したと、中国は主張しているわけである。少なくとも自国内では、その論理を喧伝し、展開させている。

いまはかなり変化を見せてきたが、中国に経済的に依存している独裁色の強い国々が中国寄りとされてきた。もともとロシアは中国支持だが、トルコをはじめ中東諸国、アフリカ諸国、南米の一部の国などにもそうした傾向を見ることができた。これらの国々はすなわち、「あなたたちの情報インフラについてこちらに任せてくれれば、中国同様のすぐれた国民監視システムをつくり上げてみせる」とファーウェイやZTE（中興通訊）が進出していったところである。そして、中国は今回、実際に中国の監視モデルがすぐれていることを世界に認めさせた。

中国式の監視システムについての賛否は当然あるのだけれど、私の知るかぎりでは、独裁色の強い国々は中国に同調しているようだ。その論理の支柱となっているのは、「自由よりも〝命〟のほうが大事ではないか」というものだ。もちろん、独裁政権の本音は秩序と体制維持なのだが、国民へのプロパガンダは「自由より命」となっている。

私がツイッター上で中国人の投稿を見ていると、これに同調する意見が多かった。当然ながら、ツイッターに出てくるのが中国共産党関係の連中である可能性はある。中国の一般人がどう思っているのか、それを掬《すく》い取ることはできない。ただ少なくとも今回のコロナ禍が、結果的に中国の国家としての基盤を強めることに寄与したことは否定できない。トルコ国民がどれだけ中国式監視システムに同調するかは置いておき、トルコのエルドアン政権が、このシステムをすごく欲しがっている感じはする。

すでに米中がイデオロギー対立の段階に突入したと思われるなか、中国の監視システムをめぐる賛否は世界を二分する対立軸になるのではないだろうか。

ただ、イスラエルの歴史学者でヘブライ大学のユヴァル・ノラ・ハラリ終身雇用教授は中国式監視システムをこう切り捨てる。

「自由が制限されていくことについて、いくら命が大事だからといって、やみくもにそれを受け入れるのは民主主義の危機を招くだけだ」

これも一つの正論であろう。

中国経済飛躍の〝大恩人〟だった日本

ここでは視点を変えて、中国の経済的台頭の初期段階について大摑みに振り返ってみたい。

１９７８年に日中平和友好条約が締結されると、間髪入れずに日本の対中ＯＤＡ（Offical Development Assistance／政府開発援助）への動きが始まった。当時の中国政府には、外国の援助を受け入れるという発想は皆無だった。当時を知る元外交官に聞くと、ＯＤＡや円借款については要請主義、つまり中国側が要請してこないかぎり日本側はアクションを起こせないので、水面下でかなり苦労を重ねたのだと回想していた。

日本から借款を受け入れるということは、日本の経営権を認めることを意味すると反対（誤解）する共産党上層部が後を絶たなかったことから、日本政府側は知恵を絞ったすえに、援助や借款の文字を使わずに済むＯＤＡという英語表記にすることに決めた。冗談のような本当の話である。

当時の中国に決定的に欠落していたのはインフラとエネルギー。まともな港湾も、幹線道路も、鉄道などもまったく整っておらず、相談を受けた外務省職員らもどこから手をつけていいのやら、途方に暮れていたという（元外交官談）。

結局、第一次円借款プロジェクトの内容は、石炭積出港、鉄鉱石の荷揚げ港と運搬専用鉄道の敷設などの建設となった。

その一方で、日本の財界が主体となって、1978年から1985年までの8年間、総額200億ドルとする「日中長期貿易取り決め」が発効、日中貿易ブームが起きた。中国による日本からの輸入額は、輸入額全体の3分の1程度を占めていた。日本から中国への輸出については、鉄鋼や化学肥料などが主要品目であった。輸入は原油、繊維原料、糸・織物などであった。

鄧小平が設計した改革開放政策もまた、1978年にスタートを切った。初期段階においては、香港、台湾の華僑資本が入ってきて、特に廉価かつ無尽蔵ともいえる労働資源を武器に生産するアパレル縫製業は隆盛をきわめた。続いて、主に日本から家電、電気通信、電子部品、化学、食品加工、自動車産業などが進出してきた。鄧小平によるいわゆる「南巡講話」後は中国進出ブームに拍車がかかり、前記の産業クラスターが猛烈な速さで形勢されていった。「南巡講話」とは、1992年春節時に鄧小平が中国南部の諸都市で、外資導入による経済建設の推進や改革開放政策を説いたことを指す。

このようにすべての始まりは、日本からのODAや円借款であったことは言わずもがなである。日本は中国経済飛躍の〝大恩人〟だったのだ。それを知らない日本人はけっこう多いのではないか。

だが、「南巡講話」以降の中国への直接投資の主役の座は、抜群の資本力を有するアメリカの民間企業が受け継いだ格好となった。代表的な企業はモトローラ、GM、HP（ヒューレット・パッカード）、デルなどで、2001年のアメリカ企業の中国への直接投資（フローベース）は1989年の約24倍だったとするデータもある。

なぜ中国には〝億り人〟が何百万人もいるのか？

たしかに中国は1992年頃から2008年のリーマンショック発生あたりまでは世界の工場として、抜群の存在感を示していた。

だが不思議なことに、1978年には極貧の国だった中国のなかに2000年あたりから富裕層が目立ち始め、スイス金融大手のクレディ・スイスによると、いまではミリオネア（〝億《おく》り人〟＝100万ドル／約1億1000万円以上の資産を有する人）が440万人（2019年）にものぼり、アメリカの次に多い。

中国になぜこうまで〝億り人〟が多いのか？　その「錬金術」とはいったい何だったのか？　答えを知っている人はそう多くはないだろう。それは中国ならではの土地ビジネスの成功に起因する。

鄧小平の「南巡講話」後、中国に殺到した外資企業向けに、中国の各行政単位が相手のニーズを読み、土地使用権をきわめて強気に販売したからだった。社会主義国の中国では、土地（農民の土地は除く）はすべて国家のもので、個人の土地所有は認められない。

それまでは何の価値も生まなかったタダ同然の土地が、ある日突然、打ち出の小槌《こづち》に変わったのである。以下は各種の土地使用権年数である。

居住用地	70年
工業用地	50年
教育、文化、衛生、体育用地	50年
商業、観光、娯楽用地	40年

総合またはその他用地　50年

中国に上陸した外資系企業がまず行わねばならないのが、拠点づくりだった。拠点を建設する前に使用権付きの土地を探さねばならない。折からの中国進出ブームで使用権料はどんどん値上がりしていくので、売り手側からすればまさしく〝入れ食い〟のような状態だった。

しかも、完全な売り手市場のため、外資企業は数十年間分の使用量を一括で、しかも外貨（米ドル）で支払わされたのである。

それだけでは終わらない。中国の中央銀行である人民銀行は外資企業から得た膨大なドルを外貨準備に回し、それを根拠に人民元を大増発したのだった。これはおそらく、中国側が香港ドルと米ドルのペッグ制（固定相場制）の成功を綿密に研究してなされたことだと思われる。

これらの方程式をつくったのは鄧小平その人にほかならない。すべて鄧小平の見込みどおりのことが起こったわけである。いまの中国の〝億り人〟たちは、鄧小平に足を向けて寝られないのではないか。

この土地使用権ビジネスで財を成したのが各行政単位の共産党幹部や、民間を含めた取り巻き連中である。その多くが土地使用権ビジネスで儲けたお金を原資に、リーマンショック後の４兆円にものぼる中国の超大型財政出動に乗っかって、都市部の不動産投資でまた大儲けした。

その間に自滅した人もいるのだろうが、依然として中国に４４０万人もの〝億り人〟がいることに、私は驚きを禁じ得ない。

かつての日本を彷彿とさせる中国の存在

こうした過去を見ると、中国共産党は基本的には１９９０年までは反日あるいは抗日を表面化させていなかった。

したがって、１９９０年までの中国側のレトリックは、「われわれは日中戦争に勝利しており、被害者ではない」というものであった。ところが、１９９０年からはうって変わって「中国は日本の被害者である」になった。これについて私は中国のしたたかな戦略と捉えている。

１９８０年代から90年代にかけては日米貿易闘争の時代で、当時のアメリカ人は日本を相当な脅威だと感じていた。日本の経済的脅威に関する危機感覚はソ連の軍事的脅威の２倍であったという。

おそらく１９９０年代、とりわけ天安門事件の３年後の１９９２年から中国経済が急成長し、１９８０年代から90年代にかけての日本のような経済力を持つ存在となっていった。毛沢東、そして鄧小平が目を光らせていた１９９０年までは、日本人と日本の軍国主義者を分けて考えていた。ところが、１９９０年以降の中国共産党はそうした認識から決別してしまった。すなわち、反日、抗日路線に舵を切った。

もう一つ、ソ連との冷戦が終わると、アメリカにとって基本的に日本は〝用無し〟となった。冷戦後のアメリカを振り返ってみると、日本に対するふるまいはきわめて悪意に満ちたものだったと思う。

たとえば湾岸戦争（１９９１年）。日本は1兆３０００億円もの援助をしたにもかかわらず、アメリカは感謝せずに、「日本はカネを出すが血は流さない」と息巻いた。当時のアメリカは日本嫌いだったのだろう。

クリントン政権（１９９３～２００１年）にしても、日本とのやりとりにはけっこう冷酷さを見せていた。そうした政治的環境は、アメリカから多くの投資を呼び込みつつあった中国にとっては追い風になったのではないか。

それから四半世紀が過ぎた現在、アメリカと中国の対立が強まってきたことから、アメリカは日本やベトナムに対する態度を和らげ接近を図っている。

日本の戦後の復興時に多額の出資を行ったアメリカは、90年代には中国に膨大な投資を行った。そして昨今のアメリカは、対中投資の回収をしている最中であるとともに、対立に発展してきたわけである。この姿は、過去の日本に対してのふるまいと同じことが繰り返されているように見えてしまう。

ただ、アメリカと同盟国の関係にある日本とちがい、アメリカに利用される時代を終えた中国は、アメリカへのチャレンジャーになり得る存在として台頭してきた。

いま米中が抱える安全保障問題を考えると、南シナ海と台湾という二つの大きな難題がある。だが、アメリカは中国による南シナ海における覇権を許すことは絶対にないだろう。これを許すことはイコール、世界で最も重要な貿易ルートの一つを中国に渡してしまうことになるからで、アメリカの覇権をおおいに揺るがすからだ。

次世代規格5Gをめぐる米中の覇権争い

さらにもう一つの問題として浮上しているのは、いわゆる5G、次世代通信規格の米中の覇権争いである。科学技術の世界的スタンダードをめぐる覇権争いは、過去にも例がある。

1980年代には、日米においてパソコンのOS（オペレーティング・システム）をめぐってある種の覇権争いが繰り広げられた。

パソコンの需要がうなぎのぼりに増していくなか、どこのメーカーのOSを使うか。当時は、日本発のOS「トロン（TORON）」が日の目を見て、世界的に広がっていく可能性があった。80年代の日本はコンピュータ革命を先導しており、NECは抜群の市場シェアを誇っていたことから、日本のOSが世界で使われても何の不思議はなかった。けれども、アメリカの抵抗に対して日本は何もできず、まんまとしてやられてしまった。もし日本に強力な国際政治力があれば、話はちがっていたかもしれないが……。

だが、国際政治力を持たない日本はアメリカとOS分野で覇権争いをするような立場になかった。おまけにちょっと調子に乗りすぎた結果、日本経済のバブルが弾けてしまったことから、万事休すとなった。

結局、現在、OSで最も強い会社はマイクロソフトとアップルである。この2社の時価総額はドイツの株式市場全体の時価総額を上回っている。

その当時の日本と同じ立場に立たされているのがいまの中国ということになる。今回の覇権争いの分野は5Gという新しい通信インフラだ。覇権を握るのは、中国のファーウェイ、ZTEなのか、あるいはアメリカのクアルコムとGAFAをはじめとするAI時代を担う勢力なのか。

中国は5Gの覇権争いについて、「OSで敗れたかつての日本のようには絶対にならない」と明言している。80年代の日米貿易交渉の経緯をしっかりと見てきたからである。

そのあたりの気概が当時の日本とは雲泥の差があるのではないか。中国が反撃に成功するかどうかはわからないが、中国がとことん抵抗するのは明白であろう。

世界をおよそ100年前に連れ戻す米中分断

このところ私はツイッターでこう呼びかけている。

「すでに自由に動ける世界ではなくなった。訪問するところに気をつけないといけない。中国、香港、マカオは完全にアウト。たとえば香港に立ち寄ったときに、たまたま日中関係が悪化していれば、あなたは中国側の人質にとられても何の不思議もないのだから」

なおかつ、中国の息がかかっている国にも行ってはいけないと、私は警告したい。

「たとえば、ロシア、ベネズエラ、イラン、カンボジアの4国は絶対に駄目。加えて、中国が支援している新興国に行くのも、かなりリスクがある。これはトルコ、パキスタン、インドネシアなどだ。アフリカ諸国については、南アフリカを除けば、ほぼすべてが親中なので、要注意である」

したがって、訪ねても問題のない外国は非常に限られてくる。アメリカ、カナダ、EU、台湾、もしくは政治的スタンスが明確である国々。韓国、フィリピン、ベトナム、タイあたりだろうか。

これまでわれわれはさまざまな国に行くことができたけれど、これからはそうはいかない。

ただし、これは１９９０年代初頭まで続いた冷戦時代の〝縛り〟に戻っただけの話なのだ。当時もモスクワまでアエロフロートが飛んでいたが、共産圏のソ連に入国した西側の人間には必ず監視、尾行がつけられた。そうした時代に逆戻りするのが、これからの新冷戦の時代なのだ。ビジネスでこうした親中派の国々に行かなければならない人は、それなりのリスクを覚悟したうえで入るべきである。

これからは世界がさまざまな意味でどんどん分断されていく。単に地理的に行けなくなるということではなく、システムも分断される。中国圏システムと欧米日圏システムに分かれるのである。

たとえば５Ｇついても日本は、ＮＴＴとＮＥＣが組んで、ファーウェイは完全に排除されることになった。同じく従来より中国の格安スマホのＯＳに搭載されていた、グーグルのアンドロイドは中国企業には供給されなくなりつつある。ＧＰＳもしかり。中国はアメリカに頼らず、すべて自前のシステムで欧米日圏システムに対抗せざるを得なくなる。

世界で圧倒的に優れていると定評あるアンドロイドＯＳ。これを調達できなくなった格安スマホを使う中国圏システムの人たちは、今後発生するであろうさまざまな不具合や、慣れていたアプリが使えない不便さに直面し、そうとうな混乱を招くはずである。

今回の米中分断は、グーグルやフェイスブックといったパンダハガーが、中国市場や中国の息のかかった新興国市場を完全に失うことを意味している。彼らはこれまで中国市場に入れなかったけれど、いずれは扉を開けさせようと考えていた。彼らの野望はこれで完全に潰えた。

こうして米中分断は世界をおよそ100年前に連れ戻すことになるかもしれない。たとえば第二次世界大戦時、ロシアの鉄道とドイツの鉄道では線路の幅が異なっていた。これはロシアが意図的に行ったもので、ドイツ軍のロシア進攻を遅らせるためだった。システムの違いとはそういうものなのだ。

南シナ海制圧は中国の覇権戦略の大前提

南シナ海に話を戻すと、世界の海洋交易の約30%のシェアがあり、さらに広大な漁業資源の宝庫で、世界の12%の魚がここで獲《と》れる。海底には大量の原油や天然ガスが眠っている。そして中国の17の大きな港のうち10港が南シナ海および東シナ海に面している。

　というところから、南シナ海は中国の生命線であるのは言わずもがなだ。

　そして、中国は南シナ海に関しては１９５０年代から勝手に「九段線」と呼ぶ９本のラインを引き、その内側はすべて中国のものであると主張してきた。そうすると、南シナ海のほぼ全域が中国の領海になってしまう。それではそれを証明できる明確な証拠があるのかと問えば、「歴史的な実績だ」という程度のものしか国際社会に示せていない。

　中国軍の展開は、従来は陸中心であったけれど、いまは海洋進出に方向転換しつつある。実際、アラビア海やインド洋に人民解放軍の艦船が利用する複数の港を建設している。たとえばパキスタンのインド洋に面するグワダルに大規模な港をつくっている。そこからオマーンはじめペルシャ湾における中国向けのエネルギールートを確保したいからである。

　もう一つは、いまはまだ力不足だが、そのうちに中東湾岸で一朝事が起きたとき、たとえばアメリカとイランが戦争になったとき、イランを支援するために中国海軍を置くという目的もあるのだろう。

　加えて、中国はミャンマールートで二つのパイプライン（原油、天然ガス）を完成させた。マラッカ海峡をショートカットする形である。さらに中国はインド洋をショートカットし、ヒマラヤのふもとの高山地帯にパイプラインを敷設する計画を持っている。

このショートカットには安全保障の意味合いも当然ある。マラッカ海峡には米海軍がいるし、インド洋については中国がモルディブに触手を伸ばした際、インドがテリトリーを侵されたと激怒した過去がある。

またインドと歴史的に対立してきたパキスタンを中国はずっと支援している。パキスタンの核開発については、ほぼ中国が技術支援していると言われているし、インド経済圏のなかでインドと角逐するスリランカについても、中国は支援を行っている。

また、こうした国々は「一帯一路」プロジェクトという中国の勝手な経済圏構想に参加し、中国に対して莫大《ばくだい》な借金を負っている。パキスタンなどは今回のコロナ禍でかなり困窮しており、対外債務の約4分の1が中国への債務である。それを返済するためにIMF（国際通貨基金）に申請したものの、IMFと世界銀行はパキスタンへの融資の条件に、中国への借金返済に使わないことを挙げており、どうにもならない。これはパキスタンのみならず、すべての国に対する融資の条件となっている。

新型コロナを契機に中国から距離をとりつつある、中国頼みだった国々

今回のコロナ禍で、これまで中国に頼っていた国々の考えは明らかに変わったようだ。ここで中国がさらに手を差し伸べてくれたら話は別だが、中国から期待どおりの援助がないならば、各国はＩＭＦ、あるいはアメリカに支援を求めることになるだろう。

その典型例が、実はトルコである。トルコがロシアからミサイル防衛システム「Ｓ４００」を購入したりして欧米と喧嘩をしていたのだが、ここにきて資金が尽きてしまった。そのためこのところのトルコは、欧米への接近を試みている。具体的には、ミサイルの稼働を延期してみたり、コロナ禍で大変な米英に医療物資を送ったりしている。

要は、中国から思ったほどの援助金が来ない。言葉を換えれば、中国はトルコが見込んでいたほど親切ではなかったわけである。カネの切れ目は縁の切れ目ではないが、トルコのみならず、アフリカ諸国も同様の心持ちになっているのではないか。

それでもまだ中国は強いので、中国への借金を返せない国に対しては、一帯一路で開発した港湾の99年間もの運営権を認めさせたり、鉱山を差し押さえたりしている。これをメ

ディアは中国の「債務の罠」と呼んでいる。ちなみに99年間というのは、一般的な中国人の受け止めからすると、永遠という意味に等しい。

ただ中国のこうしたふるまいは相手国民の反発を招かざるを得ない。さらに一帯一路プロジェクト参加国に共通する不満は、現地で雇用を生んでいないことにある。大量の中国人労働者を現地に派遣しているからだ。

これはさもありなんで、もともと中国の一帯一路とは、過剰生産能力、過剰に購入した原材料、過剰労働人口を抱える中国が、この三つの過剰を一気に解消するためのものだからで、こうなることは当初から予測できた。

もう一つ、コロナ禍における中国国内でのアフリカ人差別が、屈辱的にひどいことがネットで拡散され、アフリカ各国の中国への反発を招いていることがある。２０２０年４月にはアフリカ各国の駐中国大使が、中国の王毅外相に書簡を送り、同国が新型コロナウイルスの再拡大防止を進めるなか、アフリカ人に対する差別があると抗議し、直ちに是正するよう要請した。

従来より中国人は、肌の色の濃い外国人に対して差別的な感情が強いと言われている。一帯一路プロジェクトに参加したのを契機に、アフリカ各国からの人的往来が急激に増えてきても、中国人のアフリカ系住民に対する非人道的な差別意識は改まることはなかった。

中国側は差別行為はないとしているが、実際にはアフリカ人がアパートから強制退去させられたり、アフリカ人が複数回ウイルス検査を受けさせられたが結果を知らされなかったり、ショッピングセンターへの入場を断られたりしている。「アフリカ人はコロナを持っている」というのが住宅のオーナーやショッピングセンター側の言い分なのだが、これには呆《あき》れ果ててしまった。この問題で在中国のアフリカ各国の人たちが猛烈な抗議を行っている。

短期的にはより強化された中国共産党体制

先に米中のデカップリングの動きについて述べたが、もちろん一気に起きるわけではなく、少しずつ進捗していくのだろう。中国もアメリカとのテンションを急激にエスカレートさせたくないはずだ。

たとえば今回、中国外務省の趙堅立報道局長がツイッター上に、「米軍がコロナウイルスを持ってきた」というつぶやきを書いた。それに対してトランプが怒って、「チャイニーズウイルス」と言い返し、ポンペオ国務長官も「武漢ウイルス」と続けた。ところが、そのあと双方がトーンダウンした。崔天凱駐米中国大使が「そんなのはでたらめだ。ウイルス発生源の特定は科学者の仕事であり、外交官やジャーナリストの仕事ではない」（Ａｘｉｏｓ《アクシオス》とＨＢＯの共同インタビュー）と語ったのを受けて、トランプも翌日の記者会見で、アジア系アメリカンを守ろうと言って、チャイナウイルスと言うのをやめたという経緯があったからである。

今後はやはりいろいろな意味で、アメリカにとって中国からデカップリングするにはよい機会なので、まずは戦略的なものから始めて、製造業を少しずつ中国から離していくはずだ。

したがって、中国にとっての、ここまでの30年間にわたる成長ストーリーはいったん終了することになる。今後中国は国内でさまざまな問題が噴出してくるのは避けられない。新型コロナの影響で８００万人近くの失業者が出たというが、それだけではとても収まらないだろう。

今回のコロナ禍で中国が胸を張ったのは、監視社会の高度化だった。道を歩く人の体温を測って感染者を探したり、感染者のいるマンションをスマホで知らせたり、自国の監視システムの凄《すご》さを世界に知らしめた。

中国は今回、図らずも大規模な実験をしたことになった。コロナ禍をきっかけに中国共産党は崩壊するという評論家がいるが、私は短期的には、中国共産党はむしろ強くなったと考えている。共産党がこれまで巨額投資してきた監視システムが完璧に機能していることの証明になった。さらに中国が欧米諸国よりも短期で感染を収束させたことは、新興国やその他の周辺国に対する、「われわれのシステムのほうが優秀だ」という中国政府の強力なプロパガンダになった。

もちろんコロナ禍は中長期においては中国の得にはならない。中国の新型コロナウイルスのせいで損害を被ったというイメージを世界にばら撒いてしまったのだから。

ただし短期的には、中国共産党はより強くなった。なぜなら、いくら中国でもこんな実験はそうそうできないからだ。誰が咳をしたかさえすぐわかるディストピアをつくりあげて、しかも14億人が住んでいる国でそれを完璧に機能させた。そんな政権が簡単に崩壊するとは思えない。

人は重篤な病気に罹って死ななかったら、より強くなるものだ。今回のコロナ禍で中国が潰れていないということは、おそらく共産党体制はより強くなることを暗示しているのだと私は思う。少なくとも当面は。

中国崩壊のシナリオを考えても、自ら内部で崩壊していく以外、現時点においては考えにくい。すべてのプロパガンダを支配、コントロールしているのだから。いまの中国は、ナチスやスターリンの時代でも実現しなかったくらいの強権を持っていると言えるだろう。

したがって、日本の保守評論家たちは希望的観測で、中国は崩壊すると言っているが、実際にこれだけのシステムを揃えてしまうと、なかなかそうはならないのではないだろうか。

第4章

中国のデジタル通貨覇権を考察する

香港を自ら毀そうとしている習近平

これからはさまざまな領域において米中冷戦が繰り広げられる。一つは5Gにおける角逐であるが、金融世界の覇権争いも当然ながら厳しさを増してくるだろう。

今回の金融冷戦が厄介なところは、中国の窓口となり中国とグローバルキャピタルとの〝架け橋〟の役目を果たしてきた香港を、習近平が自ら毀《こわ》そうとしていることだ。

ここでキーワードとして浮上してくるのが、前述の中国の「香港国家安全維持法」とアメリカの「香港人権・民主主義法」である。

２０２０年5月28日、中国全人代（全国人民代表大会）は、国家分裂や中央政府の転覆を企図する反体制活動を禁ずる国家安全法を香港に導入する方針を賛成２８７８票、棄権６票、反対１票の圧倒的多数で採択した。これが7月1日に香港で施行され、秘密警察による監視など実質的に香港は大陸と同じ扱いを受け、香港基本法に謳《うた》われた「一国二制度」は事実上瓦解することになった。

アメリカの「香港人権・民主主義法」は２０１９年11月末に成立、中国が香港に50年間与えられた一国二制度の権利をないがしろにした場合、さまざまな制裁を科すというものであった。私が注目したのは、一国二制度が機能していないと判断されれば、香港に対する優遇措置適用を取り消す場合があるという条項が加えられていたことだった。

さらにこの法律には、香港の生命線にまで踏み込んだ条項があった。それは米ドルにペッグする香港ドルとの交換を禁止する、もしくは禁止を検討するということだ。これが現実のものとなると、香港は国際金融センターとして機能不全に陥るし、何よりも中国もアメリカも、当然ながら香港も困る。中国に至っては海外から招き入れる直接投資、その逆の中国から海外に向けての直接投資の約7割が香港経由なのだから。

実質的に終了した香港の一国二制度

だが、世界中の懸念を嘲笑《あざわら》うかのごとく、「香港国家安全維持法」は6月30日の中国全人代常務委員会で採択され、その日の午後11時（現地時間。日本時間は7月1日午前0時）に施行の運びとなった。施行されるまでこの法律の全文はベールに包まれていた。新華社が公開した内容を読むと、外国にいる外国人や組織にまで適用がおよぶという前代未聞のもので、とても一国が定めた法律とは信じがたかった。

同法により裁かれる犯罪は4種類で、「国家分裂」「政権転覆」「テロ活動」「外国勢力と結託し国家安全に危害を及ぼす行為」を犯罪行為と定め、最高刑として無期懲役を科すとある。

具体的には、香港の中国からの独立を主張する言動のみならず、ウイグル、チベット、台湾の独立についての言動についても犯罪とみなされる。つまり香港では、ウイグル、チベット、台湾の問題についても自由な議論は封じ込められる。

専門家によると、たとえば2014年に民主派が行った「雨傘運動」のような平和的なデモでさえ、外国と結託（関係）していることが証明されれば、10年の禁固刑を言い渡される可能性があるという。

そして最大の問題は、この「香港国家安全維持法」を取り仕切るのが、新設された「国家安全維持公署」だということ。同署は中国政府の治安・情報を担当する出先機関であり、法を執行する機関でもある。ある種独立した万能機関で、香港独立行政区政府の上に位置する。香港の法律を超越する権限が与えられ、同署の職務に対する香港当局による査察や拘束は一切認められないという。

香港在住経験11年のジャーナリストの友人が教えてくれた。

「これはさまざまな方から指摘されていることですが、１９９７年に香港がイギリスから中国に返還される15年ほど前に、鄧小平が『一国二制度』の50年間の維持と香港の自由・民主の維持、そして香港の『国際金融センター』維持を約束しました。そして法体系についても、イギリス領時代のコモン・ロー（英米法）を継承することを中国側は認めています。ちょっと中国側がものわかりが良すぎるような気がするのですが、中国なりに事情を抱えていたわけです。

どういうことかというと、香港が国際金融センターとして機能してきたのは、香港がコモン・ローという欧米社会にとって安心できる背景を持っているからで、これが法律よりも共産党の意思が優先され、人治主義がまかりとおってきた中国の法体系に変更されることなど、いままでは考えられなかったからです。

コモン・ローが継続されたことにより、返還後も香港の最高裁判所および高等裁判所は長官を除き、全員がイギリス連邦の国籍を持つ外国人判事で構成されました。しかし、中国側にとり、これが我慢ならなかったようですね。なぜなら、外国人判事の香港の民主運動家に対する判決はいつも寛容に満ちたものだったからです」

今回施行された「香港国家安全維持法」第44条は、コモン・ローが香港人を有利に導くメリットをことごとく剝ぎ取ってしまった。たとえば、北京の息がかかった判事のみに、国家安全犯罪に関する裁判を担当させる。民主活動家の裁判については、外国人判事を外す等々。これが法律なのか、香港は殺されたと、人権に敏感な西欧諸国から一斉に抗議の声があがった。

7月1日、香港国家安全維持法の施行1日目、香港島の繁華街・銅鑼湾周辺に数千人規模の市民が自然に集まり、静かなデモ行進が始まった。過激とはほど遠い行進だったけれど、香港警察4000人以上が動員された。その日デモ隊の300人以上が逮捕され、10人に香港国家安全維持法違反が適用された。香港警察は逮捕した容疑者が持っていた「香港独立」旗の写真をフェイスブックに載せた。

中国は早くも全力で香港の締め付けに走ったのである。このところ香港人のなかで自分はチャイニーズだと認める割合は猛烈に減っているが、香港国家安全維持法を恣意的に運用すれば、香港市民が「自分たちはチャイニーズでなくホンコニーズだ」と主張するだけで同法に抵触するかもしれない。

習近平がこれほど同法の全人代での可決、施行を急いだ最大の要因は、世界がコロナ禍で動けないうちに香港問題にケリをつけたかったからだと思う。もう一つ、トランプが大統領でいる間にやりたかった可能性がある。

身勝手なトランプが大統領でいる間は、欧米が連携して対中行動に移せないからだ。トランプの再選は怪しいとはいえ、習近平はまずはトランプの任期中に、加えてコロナ禍の真っ最中にいままでの香港のステイタス・クオー（現状）を変えることを急いだ。

この法律のポイントは、香港人に対する適用はもちろんだが、〝外国人〟に対しても適用されることだろう。たとえば私が日本からツイッターで、中国共産党の気に障るような内容を発信したならば、私が香港に行ったときに逮捕される可能性が十分にあるわけだ。

これは何を意味するのか？　もはや香港は国際都市ではなくなったということである。中国本土となんら変わらない。したがって、香港の一国二制度は実質上、終了した。それを香港国家安全維持法が裏付けている。

50年間のお約束だったはずの一国二制度は、半分以下の23年間で終わった。

だが、習近平がそこまで強硬に出られるのは、やはり秘策を備えていると捉えるべきであろう。

香港が毀れたとき、中国はどうやってグローバル資本にコネクトするのだろうか。既存のドルを仲介した金融システムについてはアメリカ、あるいはアメリカがコントロールする国際間ドル決済機関のＳＷＩＦＴ（国際銀行間通信協会）が牛耳っている。

たとえばトルコ企業が中国企業から監視カメラを購入し、トルコ企業が代金をトルコリラで支払い、中国企業が代金を人民元で受け取る場合でも、トルコリラと人民元が直接交換されるのではなくドルが仲介通貨となる。トルコリラからドルへ、ドルから人民元へという形である。そのほうが、トルコリラと人民元を直接交換するよりも手数料が安くなる場合が圧倒的に多いのだ。

米ドルが香港ドルに変換できなくなり、貿易の決済がドルベースで行えなくなったら、中国企業の輸出入は、経済の動きは、どうなっていくのだろうか？

それを考えるとやはり、中国が輸出国家としてビジネスをするための選択肢は、仮想通貨を発行するしかない。〝デジタル人民元〟の発行である。

ドル覇権を覆すための〝デジタル人民元〟

世の中の人々がおおいに〝勘違い〟しているのは、〝デジタル人民元〟とは、中国国内の人々のためのものだと思い込んでいることだ。ここには中国の深慮遠謀がある。

なぜならば、中国国内ではすでにアリペイ、ウィーチャットペイによる管理・監視体制が完成しているからだ。すでに中国人のための資本規制、資本コントロールはでき上がっている。

とすると、〝デジタル人民元〟は何のために開発されたのか？

それは、中国が新興国との取引に使う、いわば国際貿易の決済のためのデジタル通貨として開発されたのだと、私は考えている。中国は、デジタル上の決済については既存のアメリカの金融システムを使わないようにしたいのだから。

つまり、ドルの覇権を覆したいのである。おそらく冷戦に伴って、世界がグローバル化からブロック化に移行するとき、中国は当然、自分のブロックに引きこもる可能性が高い。

中国圏ブロック内には一帯一路上の国々が揃っているはずだ。東南アジア、ユーラシア大陸、そしてアフリカ大陸の国々との貿易はできるかぎり〝デジタル人民元〟で行いたいとする中国の意思が働き、開発されたのではないか。

２０２０年４月25日に発足した中国発のブロックチェーンＢＳＮ（Blockchain Service Network）はそれを踏まえてのものと思われる。これはまだ実験段階で、中国がバックアップする〝デジタル人民元〟は登場していないが、まずはＢＳＮを表舞台に出してきた。おそらく来年には〝デジタル人民元〟が登場する。実際に習近平は２０１９年、「ブロックチェーン技術は国家優先事業である」と言及している。すでに中国は２０１４年から実験を始めており、２０２０年５月からはフィンテック（フィナンシャルテクノロジー）都市に認定された深圳《しんせん》、香港、重慶、蘇州《そしゅう》エリアにおける一部企業において、従業員の給与をデジタル通貨で支払っている。

専門家の話では、このデジタル通貨のインターフェイスやシステムはアリペイ、ウィーチャットペイに非常に近いとされる。おそらく技術支援をこの2社から受けているのだろう。その名称はＤＣＥＰ（Digital Currency Electroric Payment／デジタル通貨電子決済）。

実際に中国では、ここまでデジタル通貨のインフラ整備が進んでいるのである。

そして先にふれた4月下旬からローンチしたＢＳＮは1秒間に約30万回のトランズアクション（取引）を行うことが可能とされている。これは当然ながら、オンライン取引もオフライン取引もできる。オフライン取引はおそらく、スマホにダウンロードしたものを、日本のＳｕｉｃａ《スイカ》のような方式で決済させるのではないだろうか。

中国のスケジュール感としては、２０２２年の北京冬季五輪までにＤＣＥＰをブラッシュアップしておき、そこで大々的に世界に向けてデモンストレーションしたいのだろう。ドル覇権を揺るがすというスケールの大きいテーマに向かって、前述したとおり中国は２０１４年から入念に〝デジタル人民元〟の準備、実験を進めてきた。当然ながら、中国のこうしたチャレンジに対して、アメリカとしてはこれを全力で阻止しにくるはずである。

〝デジタル人民元〟の裏付けとなる４２００トンの金

このような事態を、アメリカが指をくわえて黙っているはずがない。たとえば、古くはイラク戦争（２００３年）の本当の原因とは、当時のサダム・フセイン大統領が２０００年に原油販売をドル建てからユーロ建てに切り替えたことに他ならない。欧州諸国もアラブ諸国との決済をユーロで行おうとしたが、アメリカは許さなかった。アメリカはドル以外の通貨が国際決済通貨として強い力を持つことを、決して認めてこなかったのだ。

だから今回もアメリカは全力で阻止にかかる。ここは大きな衝突が起きるところだろう。つまり金融冷戦の最前線の場が、仮想通貨技術のブロックチェーンとなる。

ただし、中国にかぎらず、コロナ禍で遅延しているものの、新興国においてもデジタル通貨を発行し、ドルや円といった強い通貨にペッグして運用しようという動きは以前からあった。

２０２０年5月に始めたのはミャンマーで、日本のブロックチェーン技術をあえて使ったと聞いている。あとはベネズエラ、コロンビア、イラン等々。

けれども実際には中国のような大国がやらないと、なかなか厳しいはずである。相当な原資が必要だからだ。

また、中国はここ20～30年間、ずっと金《きん》を溜め続けてきた。公表値は２０２０年5月末時点で約１９４８トンではあるものの、実際には４２００トン以上を蓄えていると言われる。しかも、あまり知られていないけれど、中国はれっきとした金の産出国でもある。世界生産の12・7％（2019年）に相当するほど大量に金を産出している。溜め続けてきた金を、中国は〝デジタル人民元〟の裏付けにするのではないか。これは中国側に立てば、ごく自然な発想ではないだろうか。

しかしこれが実際に中国ブロックで運営されるようになれば、アメリカとは本格的な対立、それ以上の角逐が生まれるにちがいない。

分断の時代に新たな架け橋となるデジタル通貨

では、一般的な投資家から見て、仮想通貨とどう付き合っていけばいいのだろうか？

私は、新冷戦が仮想通貨には追い風になると思っている。

なぜか。一つには、世界が分断されればされるほど、資本を流すのに新しい道をつくらなければならなくなるからだ。新しい架け橋が必要になってくるだろう。それがおそらく、仮想通貨の役割になるのだと思う。

もう一つは、今回のコロナ禍を受けて、全世界の中央銀行がジャブジャブに、野放図と言っていいほどお札を刷っている。世界中にお金があふれた状態だ。

さらに政府発行のフィアットマネー（不換紙幣）は正貨たる金・銀との交換が認められていない法定紙幣であり、インフレの混乱を招く可能性が高い。

その真逆に位置するのが、デフレ的な発想で登場してきた仮想通貨と言える。

なぜなら、仮想通貨は中央銀行が刷る紙幣と異なり、発行量の上限が決まっているからだ。数を増やせない。

つまり、ビットコインに代表される仮想通貨は、1970年代の金のような存在になる可能性があるということになる。デジタル・ゴールドとも呼ばれているけれども、私はいままで以上にそうなる可能性が高いのではないかとみている。

オイルショック後の70年代、ニクソンが金とドルのペッグを外してから、金価格が上昇し、ドルの価値が下がったときと似たようなことが起きるのではないか。

一度は大暴落したが、再び上昇してきたビットコイン。最もポピュラーなデジタルコインなだけに、再びバブルになる可能性がある。

他にもっと便利な仮想通貨が出てきて、ビットコインの代替となる可能性もあるが、現時点ではそれはまだわからない。いまの1ビットコインの相場は約125万1722円（2020年9月2日現在）。私自身は、ビットコインの価格についてはそのうちに201

7年の最高値を超えると見ている。

今後も景気対策で、中央銀行によるお札の刷りすぎに対する不安は払拭できないことから、ビットコインのような仮想通貨、もしくは仮想通貨全体に追い風が吹くのではないか。したがって、機関投資家を含めて、投資家はポートフォリオの一部についてビットコインで持ったほうがいいと、私は思っている。

読者のなかには、3年前にあれだけブームを巻き起こした挙げ句、日本人を散々な目に遭わせたビットコインなどとんでもないと拒絶反応をみせる人も多いと思う。けれども、お金の歴史をたどってみると、紙幣の発行にしても何度も蹉跌《さてつ》している。フランスはその好例である。

ただ仮想通貨はまだ黎明《れいめい》期であることは確かで、これから発展していくものだ。しかし、私はなくなるものとは考えていない。仮想通貨が100%お金の代わりになるとか、株式の代わりになるとは思わないけれども、資産価値も出来高も今後は増えていくと思う。

特に新冷戦のように世界が対立する時代には、裏ルートともいえる仮想通貨は非常に便利だからである。

かつて東西世界がブロック化して、直接取引ができなかった時期が長く続いた。過去にはこんなことがあった。アメリカのメーカーがチェコやポーランドなどと直接取引ができなかったとき、カナダにダミー会社を設立して、まずそことチェコ、ポーランドの会社と取引をさせて、カナダから輸入していた。つまり、カナダを迂回《うかい》先にしていたのだ。デジタル時代のいま、その役割を仮想通貨が担うというのは、きわめて自然な考え方であろう。

「上に政策あり、下に対策あり」の精神

私が何を言いたいのかというと、要はこれからの米中新冷戦時代には、そうした迂回先がどんどん生まれるということだ。

ブロック時代において貿易を続けるためには、表向きは対立しているけれど、裏ルートができていくわけである。

日本もそういう役割を担う可能性がある。日本はアメリカとも中国とも強い関係を持っている国なので、規制緩和された自由な都市で、東西の取引が行われる可能性がある。そういう発想から経済特区化されるゾーンが国内にいくつか生まれるのではないか。

もしかしたらベトナムあたりもそうなるかもしれない。

そういった動きは将来的には大きな仕組みに発展していくのではないか。なぜか？　必ずと言っていいほど、アメリカはこれを黙認するだろうからだ。

こういう仕組みはかつてもあった。今回も同様に、直接は取引（貿易）できないけれど、間接的にはできるようになるはずだ。当然ながら、従来のように中国人は自由にアメリカに行けなくなってしまう時代が訪れるわけで、そうなると、どこか中間地点のような場所で取引が行われるにちがいない。まさに中国の慣用句ではないが、「上に政策あり、下に対策あり」の精神が双方で発揮されて対処されるだろう。

もう一つ、今回のコロナ禍で加速したことがあった。さまざまなビジネスにおけるオンライン化への移行である。実際には、必要に迫られてよりオンライン化せざるを得なくなったのだが……。

移行した部分の多くは、すべてコロナ禍が終わっても元には戻らないので、世界のオンライン化、デジタル化はより進むことになる。デジタル化が進捗すればするほど、デジタル通貨は使われるようになるはずである。

世界中で実際に人が動かなくても、皆が取引できるようなインフラ・手段が、これからもどんどん発展していく。たとえば日本の書類に欠かせなかった印鑑の文化がオンライン化のネックになるとして、印鑑をデジタル化するシステムが開発され、人気を博している。さらに発展して、さまざまな認証システムやセキュリティシステムなどが開発され、オンライン上のインフラが充実してくるだろう。このスピード感と応用感覚でこれからのデジタル化を捉えないと、時代に完全に乗り遅れてしまうだろう。

これから起きるスマホ基本ソフトの覇権争い

世界のブロック化が進むと、お金のみならず、技術の移転もまた難しいものになるのは自明の理だ。

現在アメリカには中国人留学生がなんと36万人もおり、アメリカの全留学生の3分の1を占めている。中国人留学生のなかには大学を卒業後、アメリカの研究機関やＩＴ企業で働いている人が大勢いる。

たとえば、いま話題のＺｏｏｍ（ズーム）の創業社長は中国人である。ＩＣチップのＩＣはインド（Ｉ）・チャイナ（Ｃ）と言われるくらいに、シリコンバレーでは多くの中国人が働いている。

今後はそうした中国人エンジニアたちを含めて、アメリカ政府からビザが更新されず、中国に帰国せざるを得ない人たちも出てくるし、もしくはアメリカにいられるとしても、国や企業の重要な研究機関や戦略的なチームにおいては中国人は雇われなくなるだろう。

すると当然ながら、技術移転が困難になる。たとえばファーウェイがＴＳＭＣ（台湾積体電路製造）からさまざまな部品や装置を買っていたが、すでにアメリカから売るなとの圧力がかかっていることから、ダミー会社を通して迂回販売をしようとしてもできない事態になっている。さらにＴＳＭＣはアメリカ・アリゾナ州に半導体工場の建設計画を発表した。これは、かつての日本の自動車や半導体企業がそうであったように、生産拠点をアメリカに移すよう圧力がかけられたのであろう。

このようにアメリカから中国への技術移転は今後、一層、難しくなる。そうなると、電子機器のシステムについても変化せざるを得ない。たとえば２０１９年5月に米商務省が、アメリカにとって貿易を行うには好ましくない相手と判断された「エンティティリスト」に、ファーウェイとその日本支社などを含む関連会社70社を追加したことから、ファーウェイのスマホにはグーグルの基本ソフト（ＯＳ）「アンドロイド」が搭載できなくなった。

アプリ配信の「Ｐｌａｙストア」はすでに使えず、メールソフトの「Ｇｍａｉｌ」などは、使うのがかなり難儀だ。８月27日付でアメリカは中国企業24社を、南シナ海での軍事拠点の建設に関わったとして、「エンティティリスト」に追加した。こうした事情から、ファーウェイをはじめとする中国勢は自前開発のシステムを搭載して、スマホを動かさなければならない。そうすると何が起きるのか。アメリカ生まれのシステムとは当然、合わなくなる。すると、ここでもスマホ基本ソフトにおける覇権争いが発生してくる。

したがって、これからは貿易戦争にとどまらず、金融冷戦、技術的冷戦、地政学的な衝突をめぐる冷戦等々、さまざまな側面で米中は戦い続けることになろう。

こうした冷戦下、日本はどうふるまえばいいのか。日本の立場としては、戦争にならなければ、日本が一番得をすることになると私は思う。１９５０年以降の冷戦において、日本が一番の恩恵を受けたように、今回もその可能性はかなり高い。

明らかに硬直化している中国外務省の発言

私が第1章で示したトランプ再選のシナリオ以外のリスクシナリオが実はもう一つ残っ

ている。それは、トランプがもし大統領選でかなり不利と思ったとき、形勢を逆転するために中国に対して軍事的アクションを起こす可能性があるということだ。実際、中国の重要なシンクタンクの一つのCICIR（China Institutes of Contemporary InternationalRelations／中国現代国際関係研究所）は２０２０年５月４日、以下のようなレポートを出している。

「世界におけるアンチチャイナ・センチメントは１９８９年の天安門広場弾圧以来の高水準にある。パンデミックが落ち着いたらおそらくアメリカ主導のアンチチャイナ・センチメントに中国は直面するので、中国としては最悪のシナリオに準備しなければならない。それは軍事衝突も含む」

その中国はいま、周辺各国に実に多くの喧嘩を売っている最中である。２０２０年に入ってから、特に新型コロナ感染が始まってからの中国が喧嘩を売っている国々を見てみよう。

まずはインドネシア。２０１９年12月からインドネシア領海のナトゥナ諸島周辺に中国海警局の船舶とともに中国漁船が侵入している。

台湾に関しては２０２０年１月から台湾周辺で軍事演習を続けており、３月16日に中国空軍が夜間飛行を台湾南域で行い、それは6月まで続いていた。興味深いのは5月に開かれた全人代において、台湾について、中国政府はこれまで30年間は「台湾の平和的統一」を謳ってきたのに対し、今回は「平和的」という言葉が削除されたことだった。

もう一つ、日本に対しては、ずっと尖閣《せんかく》諸島に侵入し続けている。3月には日本の艦船に中国籍の漁船がぶつかってきた。

さらに3月末には南シナ海において、中国艦船がベトナム籍の漁船に体当たりして、ベトナム漁船を沈没させた。

より厄介なのは、中国の調査船（海軍が警護）が現在、ベトナムとマレーシアの海域に入ってきて、マレーシアの国営石油会社・ペトロナスの調査船とフェイスオフ、睨《にら》み合いとなったことだ。

また中国政府は4月20日までに、南シナ海の各諸島を管轄する自治体として2012年に一方的に設定した海南省三沙市について、「西沙区」と「南沙区」の2行政区を新設すると発表、南シナ海の実効支配を強める姿勢をあらわにしている。

インド軍と中国軍との間では、ヒマラヤの国境線沿い（両国の実効支配線があるパンゴンツォ周辺）など数カ所で、5月5日から小競り合いが続いている。毎年中印はインド北部の係争地域において、このような衝突や小競り合いを起こしているが、今年はかなり多い。6月17日には死者が出る事態にまで発展した。インド側は将校を含む20名の兵隊が死亡し、中国側もそれに近い死者が出たとされている。40年以上死者が出たことのない中印の国境衝突で大量に死者が出ているのは、やはり世界が激動の時代に入りつつあることの前兆であろう。

このように、いまの中国は、ほぼすべての周辺国に対して喧嘩を売っている状況である。このタイミングを中国はチャンスだと捉えているからだろう。つまりアメリカや各諸島の領有権を争う沿岸国が新型コロナウイルスの感染拡大で弱体化しているのに乗じたわけである。

中国はこれらを既成事実にする可能性もあるし、あるいは何らかの国内事情による行動であるかもしれない。その一例として、このところの中国外務省のトーンがこれまでになくタカ派的になっていることが挙げられよう。タカ派的な発言を行っている報道官には若手が多く見られ、その筆頭が先述の趙立堅副報道局長だろう。

その背景には、鄧小平時代の賢く、したたかな長老たちが完全に退いて、過去を知らない若手が「もはや中国の時代なのだ」と遠慮なく本音を曝《さら》け出していることがあるのだろう。もしかしたら、習近平の独裁の下、タカ派な言動が彼ら若手のキャリアアップにつながっている可能性も考えられる。

これらを勘案すると、中国がより内向きになっている可能性は否定できない。これまで「中国統一戦線工作部」は各国に出向き、硬軟織り交ぜた巧みな手法で、中国寄りの世論形成や、各国有力政治家の籠絡を仕掛けてきたが、ここにきて完全に中国の言動は硬直化しており、明らかに変わった。いままでの中国とは異なる中国になったと認識すべきだろう。私としては、おそらくこうした態度の豹変《ひょうへん》は、余裕のなさの裏返しと捉えている。

米中新冷戦に対する認識が甘い日本のメインストリーム・メディア

そして中国は最悪のケースにおいて、国家としてアメリカとの軍事衝突を覚悟しているフシがある。当然ながら、その規模は大々的なものではなく局所的であることも想定しているだろう。もしそうだとしたなら、そこまでの準備については怠りないはずだ。

かねてより私は、日本のメインストリーム・メディアや識者は米中新冷戦について甘く見すぎだと感じてきた。私が5年前に「米中新冷戦が始まった。将来の軍事衝突もあり得る」と声高に指摘したとき、結局、日本のメインストリーム・メディアは本気にしなかった。

ところが、最近になって『日本経済新聞』は、私が前著『米中新冷戦のはざまで日本経済は必ず浮上する』（前出）のなかで書いた「トゥキディデスの罠」をようやく取り上げ、警鐘を鳴らした。

これはアメリカの政治学者でハーバード大学ケネディ行政大学院の初代院長だったグレアム・アリソンが提唱した概念である。トゥキディデスは紀元前500年頃のアテナ（アテネ）の歴史家で、彼の一番の仕事はアテナとスパルタの戦争について記した『ペロポネソス戦史』である。

ペロポネソス戦とは、すでに覇権国家として君臨していたスパルタと、海洋貿易で栄えた新興国・アテナの衝突から起きた戦争のこと。このように覇権国家と台頭してきた新興国家はやがてぶつかり合い、戦争を起こすものなのである。これを歴史の罠として、アリソンは「トゥキディデスの罠」という言葉で解説した。

ハーバード大学の研究によると、過去500年において、人類はこうした国家間の覇権争いを16回経験し、そのうち12回は大戦争に至ったと発表している。つまり、戦争を避けられたのはたった4回だった。

その4回は、古くはポルトガルとスペインの15世紀末における覇権争い。アメリカとイギリスの19世紀における覇権争い。冷戦に終わった20世紀のアメリカとソ連による覇権争い。そして、冷戦終結後のEU内におけるドイツとイギリス・フランスの覇権争い。

残りのケースはすべて戦争に発展していった。日本も当事者となった。覇権国であったロシア帝国と新興国家の大日本帝国が日本海と満州でぶつかったのが日露戦争だったし、その36年後には日本は太平洋の覇権をかけてアメリカとぶつかった。

メインストリームのメディアは5年経って、ようやく新冷戦の域にたどり着いたのだと、私は理解している。冗談はさておき、いまは甘い認識は吹き飛んで、日本の全メインストリーム・メディアが米中新冷戦を真剣に考えるモードに突入しているのではないだろうか。

第5章

中東の地政学

トルコモデルの誕生と崩壊

米中新冷戦はこれから中東・北アフリカ地域にも大きな変化をもたらすと私は予測している。

この20年間ほどの中東情勢を振り返ってみると、2011年からイスラム世界には「アラブの春」と呼ばれる一連の革命が起きた。ここで判明したのは、アラブの独裁政権は、イラク戦争のときのように実際に米軍が来なくとも、国の内側から覆すことができるということだった。

2011年末までには、チュニジアとエジプトとリビアとイエメン、これら4カ国が政権交代を果たした。ただしその後、厄介なことになってしまった。

独裁政権に抑え込まれていた人々がひとたび自由になると、さまざまな政治思想や考えを持つ人たちが一斉に解き放たれた。今度はそれらを抑える政権がないことから、彼ら自らが紛争を始めてしまったのだ。

たとえば2012年にリビアの総選挙が行われたとき、374の政党が参加した結果、まとまりを欠き、リビアは再度内戦状態に逆戻りした。つまり、リビアから独裁者カダフィがいなくなったけれど、その代わりに無数の内戦が勃発した、というわけだ。これがいまの中東・北アフリカの姿を象徴している。

エジプトでも政権交代して民主主義に戻ったはずが、２０１３年にクーデターが起きて、また独裁政権に先祖返りしてしまった。

アフリカ勢のなかではチュニジアだけが辛うじて民主主義を貫き、守ってきたと言える。

シリアに関してはアサド政権が倒れず、終わりの見えぬ長期的な内戦が続いている。

中東でもう一つ厄介なのは、２００５年以降、スンニ派とシーア派の対立が激化していることだ。特にサウジアラビア主導のスンニ派とイラン主導のシーア派の衝突である。両派はシリアの内戦やイエメンにおいても衝突を重ねているのだが、当然ながらその背後には、イラン支援の中国とロシア、サウジ支援のアメリカという構図が浮かび上がってくる。

そこで２０１１～12年あたりに、世界の期待を一身に集めていたのがトルコモデルだった。特に欧米からは絶賛されていた。２００３年にＡＫＰ（公正発展党）から出たエルドアン政権が誕生、同政権は当初はかなり民主的な政策を進めて、ＥＵへの加盟を目指していた。

トルコモデルとは、イスラム主義と民主主義を〝融和〟した穏健派的モデルで、これがイランに代表されるいわゆる宗教独裁に対するオルタナティブモデルとして、欧米から高評価を受けていたのだ。

残念ながら2014年以降、そうしたトルコに対する好イメージがことごとく剝がれてしまった。エルドアン政権がどんどん独裁化、保守化を強めたからである。結局、元の木阿弥と化してしまった。民主化、自由化していた路線から、もともとのイスラム主義的・原理主義的なスタンスに戻ってしまったのである。

実はそこにも米中の冷戦が非常に強く絡んでいた。2002年以降、エルドアン政権のバックでブレインとして動いていたのは欧米寄りの穏健な宗教団体・ギュレン派（イスラム教聖職者フェトフッラー・ギュレン師を信奉する派閥）の人々であったが、このギュレン派の存在が大きかった。しかし2013年、エルドアンとギュレン派が対立、最終的にエルドアンはギュレン派を掃討するに至った。したがって、エルドアン政権内の穏健派はいなくなってしまった。

それ以降、エルドアンはきわめて独裁的かつ原理主義的なスタンスで政策を進めた。そこに絡んでいたのは結局、当時のギュレン派に掃討され、のちに復活してきた親ロシア派だった。

エルドアンはユーラシア派（親中派および親ロシア派）と手を組んで、イスラム教の穏健団体をトルコから追い出してしまった。これをもって、トルコがつくり上げようとした融和的で民主的なトルコモデルは崩壊したわけである。

結局、エルドアンは「反ＩＳ（イスラム過激派組織「イスラム国」）的」な人たちをトルコから追放してしまった。そして、イスラム主義的な人たちと民主主義を融和させようというアイデア自体も崩壊したのだと、私は思っている。

より政教分離的な動きが拡大するイスラム世界

さて、これから中東で何が起きるのだろうか？

おそらく今後、政教分離的な政権が登場してくるのだと、私は予測する。というのは、1960年代、70年代の中東、イスラム世界には非常に多くの政教分離色の強い政権が存在していたからだ。アフガニスタンにしても、イラクにしても、どちらかというとイスラム主義的なイデオロギーよりもアラブナショナリズムが隆盛で、政治へのイスラム教の介入は忌避された。

だが当時、ソ連に対抗する一つの軸として、アメリカ側はアフガニスタン戦争を契機にイスラム主義、もしくは過激な思想を持つグループを支援していた。

それもあって、80年代以降はイスラム世界においてイスラム主義が強くなり、その流れから世俗主義が最も強かったトルコにおいてさえイスラム主義政権（エルドアン政権）の成立につながり、より弱かったアラブ諸国ではＩＳに代表されるような過激なグループの誕生につながった。しかし、これからは逆の流れが起きるのではないかと私は考えている。

より政教分離的な動きが中東で広がり、それは穏健派に近い感じになるはずである。世界の対立軸も中東からインド太平洋地域に移るので、イスラム世界は従来よりもかなり安全になると思っていただいていいだろう。

なぜなら、今後は米中冷戦で手いっぱいのアメリカは、中東諸国と対立しなくなるからだ。対立するどころかむしろ、アメリカは中東、イスラム世界に接近してくるだろう。第1章でもふれたが、米海兵隊は今後10年間の大規模再編のなかで、戦車大隊を廃止すると発表している。アメリカが中東で戦争をする気がさらさらないのが見て取れる。逆に、西太平洋における中国とのコンフリクトを警戒し、海洋戦闘能力を高めるだろう。

アメリカが中東のアラブ人と対立する気がないなら、むしろこれからは、反宗教的、共産主義的な中国よりも、少なくともクリスチャンで宗教を尊重しているアメリカのほうが好ましい、というような空気が中東で醸成されていくのではないか。こうした下地から中東とアメリカの対立は終わるのではないかと、私は思っている。

ただし、これからはシェールオイルをはじめ、原油がジャブジャブとさまざまなところから出てくるし、今後、原油価格が猛烈に上がるとは私には思えない。世界の原油需要を引っ張ってきたのも中国だったので、今後原油の需要が大きく増加することはないだろう。世界は一気に脱原油とはならないものの徐々に原油への依存を低下させる。原油依存の低下も中東の平和をもたらす要因の一つになると考える。中東に原油があったから20世紀に紛争と混乱が絶えなかった。原油の存在が民主化の妨げになったうえに、産業の発展も妨げた。サウジアラビアでさえ近年脱原油を国家プロジェクトに掲げている。若い皇太子は原油に依存する経済構造を変えるためにソフトバンクとも手を組んでいろいろと投資しているが、どこまでうまくいくか注意深く見守りたい。

いずれにせよ、アラブ世界はいままでの原油依存から決別し、他の分野を発展させせなければいけない。

何かをやりすぎると、人々はその逆に行きたがる。イスラム原理主義集団ISの残虐な行為などはその極みだった。それらを見てきて、国民はみな、嫌になってしまった。だからトルコのなかでも、エルドアンのようなイスラム主義者のリーダーはもうご免だ、彼には二度と政権を渡さないという空気になってきている。

以上に記してきた要素から、私は今後の中東あるいはイスラム世界はある程度安定して、逆に経済成長すると予測している。

むろん東南アジアにも十分成長力は残されているけれど、地政学的に中国のバックヤードのような地域なので米中対立の影響を受けやすく、それらを考え併せると、今後の成長で伸びしろが大きく残っているのは中東のほうだろう。

約18億人を擁するイスラム世界の魅力

新興国については今後成長ポテンシャルが大きい国がそんなに残っていないことを指摘した。一方で、イスラム諸国のなかには、まだまだ成長ポテンシャルが大きい国が複数ある。何よりもイスラム世界は豊富な人口を擁している。実際に２０１８年時点でイスラム世界の人口は約18億人いて、実に世界の４分の１近くを占めている。

イスラム教徒の人口の多さを国別に示すと、インドネシアが一番で約２億人、次がパキスタンで約１億８０００万人いる。その次はインドで、北部を中心にイスラム教徒人口は約１億６０００万人とパキスタン並みに多い。それからバングラデシュには約１億５０００万人いる。

そしてトルコ、ナイジェリア、イランが続き、それぞれ約８０００万人、エジプトには７８００万人いる。

イスラム教徒は、アジア太平洋地域の約25％、中東・北アフリカ地域の91％、サブサハラ（サハラ砂漠以南のアフリカ）の30％、ヨーロッパの６％、北南米アメリカは少なくて約1％程度という状況となっている。

イスラム諸国全体のGDPについてはあまり大きくはない。名目GDPで700兆円程度、全世界の8％前後にとどまっている。だが、紛争がなくなり、平和になれば潜在成長率が5～7％の国はけっこうある。いったん政情が安定すれば、つまり戦争が止まれば、経済は勢いづくであろうと私は予測している。そうなるための条件が揃っていることはすでに述べたとおりである。

日本は東南アジアのイスラム国であるインドネシアやマレーシアとも良好な関係だし、アラブ・イスラム世界には親日国が多いことから、これらの国々が台頭してきたときに日本は仕事がしやすいのではないか。

本来、無利子を謳うイスラム金融についても、イスラム世界においては依然として金融システムの発達が遅れていることから、さまざまな金融商品のニーズがかなり高まっており、日本としては絶好の狙い目だと思う。とりわけ今後、イスラム世界が発展していくために不可欠なのは保険なので、そこに日本が積極的に絡んでいけばいい。

なんだかんだ言ってもイスラム教徒は地球人口の4分の1だから、無視すべきではない。個別にイスラム教の国を眺めると小さく見えてしまうのだが、まとめてみるとなかなか大きい。これはけっこう見落とされていると考える。

イスラム世界が発展するに伴い、金融、医療、メディア、ファッション等々、あらゆる分野でこれまでの規模が小さいだけに、これから凄まじい勢いで伸びていくはずである。

日本独自のノーポーク・スタンダード

実は、私が経団連（日本経済団体連合会）を含む日本の業界団体で何度か講演し提案してきたのが、イスラム教徒が食べられるハラルフードについてで、これをビジネスチャンスとして見逃す手はないと強調してきた。なぜなら、イスラム教徒は先にふれたように世界で18億人もいる。さらにイスラム系諸国の同質性を考えれば、イスラム系の一国をターゲットにして成功した商品は、他国でも売れる可能性が非常に高いからである。その大きな可能性を、ゆめゆめ忘れてはいけない。

ハラル食品をつくるのは確かに難しいのだが、せめて豚肉が入っていないものはつくるべきだと、再三、私は申し上げてきた。

たとえば東京のコンビニで売られているカップ麺は２００種類以上もあるのだが、イスラム教徒が食べられるノーポークのものは最近まで3種類しかなかった。日清食品の「チキンラーメン」と「日清のどん兵衛」、東洋水産の「マルちゃん赤いきつね」のみだった。かつては「マルちゃん緑のたぬき」も食べられたのだが、細かな表示を見たら実は豚肉が入っていることがわかり、除外した。

ところが、最近は豚肉が入っていないカップ麺の新顔「スーパーカップ1・5倍 ポークゼロ こってり濃厚とんこつ味ラーメン」がエースコックから出ている。2020年5月に発売されたばかりだが、とんこつ味なのだけれど、豚肉を使っていないので、試しに食べてみたら、抜群に美味《おい》しかった。

経団連の講演の話に戻ると、私はこんな注文をつけた。ハラル認証を取ること、そしてハラルを厳守するのはとても難しいけれども、日本独自のノーポーク・スタンダードの基準と表示をつくってほしいと。それを実現すれば、イスラム教徒にかなり売れるのではないか、と本気で思っているからだ。たとえば、豚肉のエキスを他のエキスに替えるだけで、イスラム圏で売ることができる。

本音を言うと、イスラム世界全体で厳密なハラルにこだわる人は少なくて、私の認識ではせいぜい20~30%程度だろう。イスラム法にのっとったハラルを守るならば、動物を処分する人も祈りを捧げなければならないし、調理する人もイスラム教徒でなくてはいけないわけで、どれ一つとっても難儀なことこの上ない。

ただし、イスラム教徒としてはやはり豚肉は食べたくない。私が何度もノーポーク・スタンダードを開発してほしいと提案してきたかいあって、いまそれがようやく製品化されてきた。先に紹介した「ハラルではないノーポーク」のカップ麺が、この頃日本のイスラム教徒のなかで流行《はや》り始めている。

これは良い兆候だ。健康的で美味しいというのが、イスラム教徒の日本食に対するイメージだから、日本の食品をイスラム圏に輸出するという観点は当然持つべきだが、私にはもう一つの提案がある。

コロナ禍で日本のインバウンド産業は壊滅的な被害を受けた。米中冷戦に突入した環境では、中国人の訪日はあまり期待できない。そうであれば、日本のインバウンド産業はそこで俯《うつむ》くのでなく、照準をイスラム世界に転じればいいと思う。

すでにインドネシア、マレーシアからの訪日観光客はかなり増えている。他のイスラム世界に対しても日本の観光業はどんどんアプローチをすべきではないか。特にオイルリッチの湾岸諸国は金持ちも多い。新しいインバウンドを開拓するのだ。

そのためにも日本の食品業界、観光業界がノーポーク・スタンダード、あるいはノンアルコール・スタンダードを意識することで、道が開けるのではないか。すでに意識して動き始めているところもあるようだ。

イスラム教徒が日本食を好むのは、ハラルフードに近いものが多いからである。魚の出汁《だし》にはじまり、寿司、蕎麦、うどん、天ぷら等々、動物由来の食材がもともと少ない。

アンチムスリムからアンチチャイニーズへ

イスラム世界の人々は日本に対してある程度のあこがれを持っているし、親日派も多い。そうしたイスラム諸国に、日本は日本しか備えていないソフトパワーをどんどん使っていけるはずである。

一方、イスラム教徒の中国への嫌悪感は募る一方だ。ウイグル人を虐待し、しかもモスク（イスラム礼拝所）を破壊したり、モスクを飲食店として使うなど、イスラム教とイスラム教徒を侮蔑している。

ＷＨＯ事務局長への懸念ではないが、イスラム世界のリーダーたちは、多くが中国に買収されたり懐柔されてしまっている。しかし、民衆は中国を許さない。

イスラム教を信奉するウイグル人に対してあのような暴挙に出たことに私は驚くとともに、習近平は「一帯一路」を自ら壊そうとしているのではないかとさえ思った。「一帯一路」が横断する場所はほぼすべてがイスラム教国家であることを知りながら、なぜ習近平がウイグル人に対してあのような残忍、残虐なことをするのかまったく理解ができない。

残念ながら、アラブ諸国は中国が原油を買ってくれる以上、文句を言わないし、トルコやパキスタンは中国に借金をしているという弱みがあるから、なかなか国家として正義を主張しない。

私の母国であるトルコについて言うならば、特に若者たちの宗教離れが非常に激しい。とりわけエルドアン政権が正体をあらわしてからは本当にひどくなってしまった。

保守派の宗教原理主義的な人に政治をやらせても何も変わらないとなると、どこの国であれ、国民はみな、自由になりたい。それはある意味、サウジアラビアの皇太子がやろうとしていることとも重なっている。女性ドライバーを認めたり、さまざまな場所で女性の参加を認めたりして、少しずつ変化を起こしている。もちろん一気に変化は起きないけれども……。

トルコもおそらくエルドアンがひとたび政権を手放せば、もう二度と政権を取ることはないだろう。

繰り返しになるが、今回の米中新冷戦はイスラム世界に大きな変化をもたらしつつある。その最大の要因を一言であらわすならば、アメリカの変容と言える。

9・11事件以降、イスラム世界とアメリカは激しく敵対していたし、テロリストを出したことから、アメリカによるイスラム教徒全体に対する差別が進んでいった。

だがそうした差別感情は、今回のコロナ禍を契機にすべて中国に向かっている。

アンチムスリム・センチメントがアンチチャイニーズ・センチメントに代わったからである。

第6章

再評価される日本の強み

ポスト香港の最右翼は東京

ここからは日本経済をメインに記したい。

2020年8月現在、私のツイッターのフォロワーは15万人ほどいる。年初は6万人だったから、半年ちょっとで9万人以上も増えている。おそらく相場の見通しが当たったことがその理由なのだろう。

モーニングスターの『株式新聞』が2019年末に、アナリストやエコノミストなどを対象にした市場関係者アンケートを行った。対象者は65人で、私は弱気派のなかでもいちばん弱気だった。日経平均の2020年の安値と高値を問われ、私は安値については1万6500円と答えた。12月末時点のことだ。結果はご存じのように、3月に1万6359円まで下落した。

ただし、これは想定済みでコロナ禍がなくても大きな株価下落はどこかの時点で起きたと考える。前述したようにコロナショックを口実にどっちみち弾けていたバブルをコントロール可能な範囲に収めさせたにすぎない。今後の日本は大株高になると思っている。あと3年でバブル時代の最高値を超えて、5年以内に日経平均は5万円になると予測している。

それは円安になるからではなく、世の中にお金がジャブジャブとあふれ、行き場がなくなったお金が日本株に向かうからである。あとで詳しく説明するが、これまで無視されていた、日本に数多く存在するクオリティバリュー株が注目され、恐ろしいほどの人気になるからだ。

他方、アジアの金融センターとして名を馳せてきた香港は落日を迎える。

2019年、香港から中国本土への犯罪容疑者の移送を可能とする改正案に反対する100万人デモが起こったが、いまだに抗議活動は続いている。

2020年3月、香港からアメリカの新聞記者が追放されたのは非常にまずかった。さらに7月1日より「香港国家安全維持法」が施行され、中国が秘密警察機関を香港に設置し直接取り締まれることになった。

これは香港と中国は同じだと中国政府が宣言したようなものだから、香港のスペシャルステイタスは一気に輝きを失った。香港はもはや金融ハブとしての機能をどこまで継続できるかわからなくなってしまった。

一方、7月15日には、アメリカのトランプ大統領が貿易面などでの優遇措置を撤廃する大統領令に署名した。同時に、香港の自治を損なうことに関与した当局者や金融機関の資産凍結などの制裁を可能にする「香港自治法」にも署名した。中国側は内政干渉として、激しく反発している。

香港国家安全維持法の子細については第4章でふれたとおりで、これで国際金融センターとして輝かしい存在であり続けた香港は死んだ。

では、ポスト香港はどこなのか？　必然的に日本、東京が世界のマネーを引き付けるだろうと、私は思う。

これは、やはり国民が優秀で、秩序があり、インフラがあり、人口もそれなりに多いからだ。不思議な話かもしれないが、日本のほうがアメリカよりも安全と考えている海外の人たちは多い。私はさらにチャイナマネーも日本に来るのだと思っている。なぜならば、日本はアメリカの同盟国とはいえ、中国とも強い関係を持っていて、ある意味中間地帯だからである。

あのアメリカで起きた9・11事件の直後、トルコに膨大なオイルマネーが流れてきた。なぜトルコだったのか。アラブ資本がアメリカについて不安感を募らせ、すべてではないが、オイルマネーの一部をトルコに移動させたのだ。当時のトルコはNATO（北大西洋条約機構）のなかで二番目に大きな軍事力を持っていた。

当時のトルコ経済は高成長であった。けれども、サウジアラビアと仲が悪くなってからは、オイルマネーの流入が一部ストップし、転じてトルコ経済は冴えない展開となっている。

私の知るかぎりにおいて、アラブマネーも、いわゆるイスラム系の人たちも、チャイナマネーも、ロシアマネーも、日本はアメリカより安全であると認識している。これも日本の今後のアドバンテージとして生きてくるのではないだろうか。

ポスト香港はシンガポールではなく、なぜ東京なのか？

3年前に私が「そのうちにアジアの金融ハブは香港から東京に移る」と力説すると、

「えーっ？」という顔をする人が多かった。そして必ず、「なぜシンガポールでなく、日本なのか？」と尋ねてきた。

いくつか理由があるが、メインは二つ。

一つは、地理的な要件だ。日本のほうがシンガポールよりもアメリカに近いということを挙げたい。今回の新冷戦の世界の対立軸は太平洋なので、そのど真ん中にある国のほうが立地的にすぐれている。アメリカに近く、ハワイの米海軍第7艦隊に近い日本は何かあったときに、アメリカは守りやすい。またかつてシンガポール、香港が栄えていた時期はある意味、大英帝国の時代であった。もともとはインドがメインだったし、シンガポールは地理的にインドと香港の間に立地する。

仮にいまが大英帝国の時代であったなら、中国は「一国二制度を50年維持する」というイギリスとの国際条約を23年で反故《ほご》にすることなど到底できなかったはずだ。

もう一つは、シンガポールは自由貿易都市で中国の支配が及ばないとはいえ、中華圏の〝一員〟であるということだ。これまでは中華圏の一員というステイタスがアドバンテージになっていたが、中国が世界の問題児とされるこれからは、ディスアドバンテージに変わる。

確かに東京がアジアの金融センターになるためには、規制緩和を進めて、金融特区を整備するなど課題は多い。しかし私の感覚で言えば、日本はそうしたマインドさえ備えれば、変化するスピードは際立って速い国なのである。明治維新、戦後復興などはその典型であろう。

特に今回は、日本が独自に目指すというのではなく、「この役割を日本に担ってほしい」と世界から強く要求されているものだから、変わらざるを得ないと思う。

これまでの日本は、独自で事を進めていく大義名分を持てないことから、国内の抵抗勢力に屈していたようなところがあった。ただし、いまは日本に対して凄まじい外圧というか、期待がかかっている。要は、いまの日本は第二の「黒船」を迎えている状況にあると言える。

日米関係についても、これまでとは異なる関係に生まれ変わるのではないか。おそらく日米同盟とは世界の平和にとり、最も重要なものである。なぜか。日米が力を合わせる以外、中国に対抗できないと思うからだ。

中国はさまざまな意味で非効率性もあるけれど、今回世界が認識したように、監視体制を武器に国が思いどおりに動けるわけで、コロナのような有事にはきわめて強い。おそらく戦争などの有事の際も、中国のような体制は向いているはずだ。

対する欧米社会はカオスそのもので、アメリカなどは見てのとおりである。自由主義と民主主義を守りながら中国と対抗するには、アメリカと日本が真剣に力を合わせなければ、到底無理だと思う。

そうした意味で日米同盟はおそらく、日米のみならず、全世界にとってとりわけ重要なものとなるはずだ。

だから、アメリカも従来のように日本を無視できないと、私は思う。

バイデン政権になれば、まずアメリカはＴＰＰに戻ってくるはずだ。

「安心」「安全」「健康」が日本のストーリー

今回のパンデミックについて、新型コロナウイルスに襲われたイタリアやアメリカの感染者数が、３週間でいきなり指数関数的に激増したのに対し、「なぜ日本は２月、３月と感染爆発を抑えられているのだろう」とスイスの生物研究所がコメントを出していた。

２０２０年5月14日、アメリカの外交専門誌『フォーリン・ポリシー』電子版には「日本の中途半端なコロナウイルス対策がなぜか功を奏している」というタイトルの記事が掲載された。

「新型コロナウイルス対策で、日本はやってはいけないことをしてきたように思えた。たとえば、ＰＣＲ検査は人口の０・１８５％しか行っていないし、ソーシャルディスタンスについての指導も中途半端だった。さらには国民の大半は政府の対応に批判的だった。にもかかわらず、死亡率は世界で最低クラスだし、医療崩壊も起こさず、なぜだかわからないが不思議なほどうまくいっている」

同誌は5月14日現在で日本の死者数が人口比で１００万人当たり5人だと示し、アメリカは２５８人、スペインは５８４人、ドイツでさえ94人であるのに比べて奇跡的に少ないと紹介していた。

私に言わせれば、それが日本だということである。ふつうにみんなが清潔にしているのと、マスクの使用率が抜群に高いからにほかならない。ＷＨＯは当初、マスクは不要とアナウンスしていたが、それは大きな失敗であった。『ブラック・スワン』（ダイヤモンド社）

という本で有名になったナシーム・ニコラス・タレブもマスクをしていたほうがアメリカやヨーロッパは感染を防げた可能性が高かったとニュース専門放送局のCNBCで語っている。

以下は、一般の日本人が何も意識せずに当たり前のように行っていることである。

「お辞儀」という挨拶。欧米人のような握手、ハグなどの濃厚接触はしないから、感染が広まりにくい。

「靴を脱ぐ」という生活スタイル。これはウイルスや菌を家のなかに持ち込まない。

「毎日お風呂に入る」習慣。身体を清潔に保ち、体温を上昇させるため、免疫力が高まる。

「どこでもウォシュレット」という習慣。水で洗浄するため、ウイルスや菌が手につきにくい。

「外食先で必ず出されるおしぼり」という文化。食事の前に手を清潔にするため、感染しにくい。

「箸」での食事。パンやピザのように手づかみではないので、感染しにくい。

あらためて「マスクの着用」。これは1918年に発生したスペイン風邪の予防として、日本人が学んだことから、習慣化されている。
人との距離「間《ま》」を大事にする。濃厚接触になりにくい。

今回の件を見ても、日本はいろいろな意味で強いなと思った。こうしたショック、クライシスに対して強いということがある意味で証明できた。私は今後日本の再評価が行われると思っている。これは私がずっと主張していることだが、再評価に伴い、当然ながら日本のリスク資産も買われていくのではないだろうか。

第1章で記したように、世界のマネーは今後新興国には行きづらい。中国からも離れていく。どこに行くのか？

もちろんEUなどの先進国にも向かうだろうが、EUはユーロという厄介な問題を抱えている。消去法でいくとアメリカと日本しか見当たらないのだ。

ただし、ご存じのとおり米国株に対する投資はかなり割高となる覚悟をしなければならない。かたや日本株への投資は割安かつクオリティが高い。だから、私は日本に対しての投資意欲はきわめて強くなるという見方をしている。

これはずっと日本にいる日本人にはわからない感覚かもしれない。けれども日本の外から、世界の国々について比較対照してみると、どこが輝いているのかがわかる。

私自身はあまり消去法的な比較対照はしないように心掛けている。なぜなら、イメージがネガティブになるからだ。ただ、世界のお金の行き場を考えると、どうしても日本株が浮上してくる。

世の中のお金がジャブジャブにあり余っていて、金利がマイナスで、何に投資しても儲からないならば、**株式を選択するしかない**。リターンを株でしか取れないのだから。そのなかでも、これまで**過小評価され続けてきた日本株が輝きを放っている**わけである。

私が日本に対して強気で見ている理由の一つは、ジャパンストーリーというものが世界に発信されたと確信しているからだ。ある程度のソフトパワーの覇権国になるには、それなりのストーリーが必要となる。

日本のストーリーとは「安心」「安全」「健康」である。

今回のコロナ禍においても格段に被害が少ない。死者は他の先進諸国に比して2ケタも少なく、ロックダウン的な措置をとらずに済んだのは、他国にすれば奇跡のように見えるのではないか。

覇権国には必ずストーリーがある。たとえばアメリカならば、民主主義、自由主義、アメリカン・ドリームだろう。旧ソ連のストーリーは、共産主義、平等主義。いまの中国のストーリーでは、国民の命を守る監視体制だろうか。

日本の場合は、自由主義、民主主義でありながらも、「安心」「安全」「健康」を実現する長寿の国ではないか。ライフクオリティが高くなければ、人間は長くは生きられないのだから。


ところで2019年に決まった次の紙幣の顔は、今後の日本のストーリーを象徴的に物語っていると私は考えている。

千円札に起用されたのが北里柴三郎で、日本の医療のシンボル。破傷風の治療法を確立し、ペスト菌を発見した。5千円札は津田梅子で、女性の教育や社会進出のシンボル。そして1万円札は渋沢栄一で、日本の近代資本主義・金融市場を創設した金融近代化のシンボル。

これだけ符牒《ふちょう》が合うというのは奇跡的なことだし、私はこの発表を見たとき、これで日本のストーリーは決まったと思った。今後も日本は安心・安全で健康寿命が長く、女性が自由に活躍でき、好景気で株価もぐんぐん上昇していく。

終わりを告げる日本のキャッシュ・イズ・キングの時代

日本も含めて世界の先進国の中央銀行がここまでお札を刷っていれば、インフレが起きないわけがない。さらに、これまでの日本はデフレであったので、賢い日本人は当然ながら資産をキャッシュや預貯金の形で持っていた。

２０１９年末の日銀統計によれば、個人が持つ金融資産の合計は１９０３兆円にのぼり、現金・預貯金は全体の53％の１００８兆円である。

けれども、今後の世界はインフレに染まっていく。日本だけがインフレにならないというわけにはいかない。つまり、預貯金で持っていれば目減りする時代に突入していく。これまでのようなキャッシュ・イズ・キングではなくなるから、日本人が日本株を買い始めるはずで、これは凄いことになると思う。

今回の日本株の底打ちはバブル崩壊以来、ある意味、30年かかった底打ちかもしれない。私はこれから大上昇相場が到来すると予測している。

基本は、日経平均は5年以内に5万円、２０３０年までには8万円にいくと思っている。

２０４０年には16万円に、２０５０年には30万円がつくと思っている。私はこれでもかなり控えめではないかと思いながら、このシナリオを描いたつもりだ。もちろんこのなかには中長期で年間３～４％程度のインフレが発生するという前提が存在する。

要は、借金した人が勝ちの時代がやってくる。私は基本的にはローンは好きではないけれど、今回は歴史的なタイミングなので、お金を借りてでもリスク資産を買ったほうがいい気がする。

トルコのように日本の金利は15％にはならないが、高いときには５～６％にはなるだろう。日本だって１９８０年代後半のバブル期には金利は４～７％だったので、そんなに違和感は抱かないはずである。

どのみち世界の借金が膨らんでいるから、インフレを起こさなければ埒《らち》が明かない。インフレは見えない税金なので、ハイパーインフレさえ起こさなければ、ある程度マネージャブルなインフレであれば、多くの人はそんなに文句は言わない。

インフレは国民全般にはあまり印象が良くないけれど、莫大な借金を背負っている為政者にとっては国債、国の借金を減らせるから歓迎すべきなのだ。

新紙幣の顔に選ばれた三人の人物

先にふれたとおり、日本の1万円札が2024年から、日本の資本主義の父といわれる渋沢栄一に代わる。彼は日本で最初に銀行をつくった人でもある。そして、千円札は北里柴三郎に代わる。

あらためて感じ入るのだが、このタイミングで1万円札を近代資本主義の父である渋沢栄一に代えて、さらに千円札にはペスト菌を発見し、破傷風の治療法を開発、日本の細菌学の父と呼ばれた北里柴三郎を起用したのは、偶然の巡り合わせとはいえ、ちょっと鳥肌が立ってくる。まさにこれから日本の時代が訪れるのを暗示しているのではないか。令和の時代とは、久しぶりに日本が上昇気流に乗る時代となるのだろう。そう思わざるを得ない。5千円札の津田梅子についても、コロナ後の世界で在宅ワークが増え、女性がより活躍できるようになるのではないかと思う。日本はますます多方面での女性の働きが重要になるだろう。

今後注目される日本の医療セクター

さらに私は、今後は日本の医療分野が世界からかなり注目されると予測している。

２０１９年、私は大阪の道修町《どしゅうまち》を訪ねた。ここは日本の薬種問屋が蝟集《いしゅう》する町として知られ、健康の神、医薬の神の少彦名《すくなひこな》神社が鎮座する。道修町が薬の町となったルーツは、寛永年間に堺の商人・小西吉右衛門がここに薬種屋を開いたこととされている。享保時代になると八代将軍・徳川吉宗の命で、薬種中買仲間を集めて株仲間を結成、中国から輸入された唐薬種や日本で採れる和薬種の適正検査を行わせた。吉宗は彼らに当該薬各種の値決め、さらに全国に売り捌《さば》く特権を与えた。

道修町に本社オフィスを構える製薬会社は、田辺三菱製薬、塩野義製薬、小林製薬、カイゲンファーマ、武田薬品工業（大阪本社）など。また、化学メーカーのボンドのコニシもここに本社を置いている。

ここで私が言いたいのは、製薬業は誰でも手掛けられる職種ではないということである。いま世界で名だたる製薬会社を持つ国はアメリカ、ドイツ、フランス、イギリス、スイス、日本、ノルウェーあたりで、創薬ですぐれている会社を持つ国はさらに絞られ、アメリカ、イギリス、スイス、ドイツ、日本がメインとなる。

明治以降の日本がドイツ式の科学（化学）教育を導入したのはよく知られるところだが、根気よく実験を繰り返して目指す薬を開発する仕事は、日本人の性格にはうってつけであった。

これまで日本の製薬会社はあまり注目を浴びずパッとしたところが見られなかったけれど、今後は一転、注目度が高まると思っている。

今回のコロナ禍においては特に日本のバイオベンチャーがいつになく脚光を浴びている。その代表格が２０２０年７月から新型コロナウイルス・ワクチンの臨床実験を開始した大学発創薬型バイオベンチャー（遺伝子治療薬の創薬企業）のアンジェスである。面白いのは、そのアンジェスのパートナーが大阪大学ということ。また製造もタカラバイオという関西系。大阪が築いてきた薬の歴史を考えると、さもありなんと感じる次第だ。

また、コロナウイルス感染症の軽症患者に効果が期待されるアビガン（ファビピラビル）は富士フイルム系の富山化学が開発したものだし、治療薬の一つとして期待されているスクロメクトール（イベルメクチン）はノーベル生理学医学賞を受賞した北里大学の大村智教授が開発に貢献したものだ。

以上のように、今回のコロナショックのなかで日本発の医薬に関係するニュースがいつになく多いのは、日本の時代の到来を暗示しているのだと私は捉えている。

大きく隔たる大阪人気質と名古屋人気質

大阪は薬の街のみならず、繊維の街でもあり、忘れてならないのは、もともとは日本の金融と経済の中心であったことだろう。世界初の先物マーケット、堂島米市場が運営されていた進取の街だった。

したがって、新たな時代を迎えつつある日本の経済の中心が大阪に回帰する可能性もあると思っているし、大阪はその要素を十分に備えていると思う。

まず、大阪復権には絶好のタイミングであるということが挙げられよう。２０２１年の東京五輪が開催できるかどうかは不透明だが、２０２５年の大阪万博は予定どおり行われるだろう。これを契機に、大阪が令和時代の飛躍を成功させるのではないか。

前述のとおり、私はこれまで、中国に自由を奪われつつある香港に代わり、アジアの国際金融のハブになるのは東京であると予測していた。しかしここにきて、別に東京でなくとも大阪でもいいのではないかと思い始めている。

全国を講演会でめぐっていて、同じ内容の話なのに明らかに正反対の反応を示す人々のいる都市がある。それは大阪と名古屋だ。たとえば、「このような要因から日本株は上昇フェーズに入っていくが、こういったリスクにも注意しなければならない」といった話をすると、大阪人は「日本株がバブルになりまっせ」とおおいに盛り上がり、名古屋人は「わっ、そんなリスクがあるがや。くわばら、くわばら」とネガティブに受け止めてしまう傾向がある。

名古屋での講演会を主催した証券会社から、「あなたがあまりにも暗い話をするので、お客さんの気持ちが冷えてしまった」と叱られたことがある。同じ内容の話でここまで反応が異なるのを認識した私は、その後は名古屋での講演はアベレージの2割増しの勢いで、大阪では2割減に抑えて話さなければいけないのかとまで考えた。

名古屋は金持ちの多いところなのだが、伝統的に手堅い製造業や職人のメンタリティに染まっている。大阪のように儲け話にはなかなか乗りにくいという面を持っているのではないか。

大阪人は儲け話のリスク面については軽く考えるきらいがあり、儲けばかりに食いついてくる。名古屋人はその逆なのである。この二つの都市はいい意味でお互いを補完しあっているのかもしれない。

貧富の差を縮められる働き方改革

リモートワーク、テレワークもそうだし、やはり働き方改革というもの自体が世の中の流れである。たとえば東京都心にオフィススペースを本当に必要としている会社はいったい何社あるのか。

大手町や丸の内に立派なビルをこれでもかとつくっているけれど、本当に必要なのか。なかには、もちろん必要な会社もあるだろうが、ほとんどの場合は業務の一部だけを都心においておけば用が足りるのではないだろうか。

対面営業でビジネスをしているところや、もしくは証券会社のようにサーバが近くにないと困るところもあるけれど、証券会社でも、たとえば野村證券の社員すべてが大手町の本社にいなくてもいい。

世の中の貧富の差を縮めるためには、在宅勤務なり、サテライトオフィスなり、最新テクノロジーやインフラを使ったやり方が有効となるはずだ。

年収５００万～６００万円の人が東京都心で家を持ったら、当然ながら、暮らしは大変だ。

けれども、パソコンを用いて在宅勤務ができるのであれば、何も東京に住む必要はない。地方に住めば、より良い暮らしができるはずである。

東京の地価がきわめて高いのは言わずもがな。地方なら大きな家に住めるわけだし、当然、ローンも少なくなるし、可処分所得も増える。

私自身も、あと10年ほど経ったら、長野か福岡に住もうと考えている。長野はリニア新幹線沿線だし、福岡は空港が近い。私自身の仕事も基本的にパソコンがあればできるからだ。人に会うときや、講演をするときだけは東京、名古屋、大阪あたりにリニアか飛行機で移動すればいい。別に東京に住む必要などさらさらない。

それを考えると、50平方メートル程度の都心のマンションを購入するのに７０００万円、８０００万円も払う必要があるのか、バカバカしくはないかと思ってしまう。同じような条件で、地方であれば、半額程度で住めるわけだから。そうすると、１カ月のローン支払いも少なくなる。

一般的な日本人の心持ちも、以上のように変化していくのではないだろうか。そうしたムーブメントが起きることにより、結果的に東京集中が弱まってくるのだと予測している。またこうしたムーブメントは必然的に地方創生にもつながっていく。

みんなが地方に住み、そこに住民税を落とせば税収入が増えるから、公共サービスも充実していく。みんながいま地方や遠いところに住みたくない理由は、もちろんロジスティックスの面があって会社が遠いとか、病院が遠いとかいうものだが、これらの課題は最新技術やインフラが解決しつつある。たとえば、今回のコロナ禍でリモート医療が解禁となったことで、遠距離医療の問題は改善しつつある。

人がより働きやすい環境を目指すには、テクノロジーの進歩は不可欠である。いままでアマゾンやグーグルなどアメリカのＩＴ企業がここ10年間牽引車の役割を果たし、彼らは世界に安いインフラを提供してきた。

現在のコロナ禍においては、Ｚｏｏｍが提供するサービスで、電話会議、テレビ電話が日常化してきた。５Ｇについては、あと半年も経てば、ほぼシームレスに使えるようになるだろう。

三つの重要記事がつくり出したストーリー

２０２０年６月23日付の『日本経済新聞』第一面に、三つの重要な記事が掲載されていた。

一つは、香港国家安全維持法が「外国人にも適用」されることについての記事。そのちょうど左上に、**東証が祝日取引を始める**とする記事があった。株価指数や商品先物の祝日取引を２０２２年秋か23年初旬に始める。日本は祝日が多く、２０２０年の取引所の休業日は土日を除いて19日もあり、株価下落のリスクへッジなどに問題があるとする投資家の不満を解消するとともに、欧米市場との連携を高めるのが狙いである。これで東証は正月三が日も含めて日本式カレンダーから、ほぼアメリカと同じカレンダースタイルに改める。

そしてその右側の記事は、日本の理化学研究所のスーパーコンピュータ「富岳」（理研と富士通の共同開発）が再び、世界一の座を獲得したというものだった。スパコンの世界ランキングにおいて、ＬＩＮＰＡＣＫ（コンピュータの総合的な性能を計測・評価するべンチマークテストおよび指標の一つ）の実行性能を指標とした「TOP500」をはじめ4部門で、いずれも2位に大差をつけて、世界1位を獲得した。4部門で同時に1位を取ったのは富岳が初めてだという。

私はこの三つの見出しを見て、これで見事なストーリーができたと確信した。

①香港国家安全維持法の施行により、香港が国際金融都市、あるいはアジアの金融ハブでなくなることから、その役割を東京が受け継ぐことになる。

②それを見越した東証は、祝日取引を始める準備にかかった。世界標準に合わせるためであり、アジアの金融ハブとしての機能を備えるためである。

③それにより東証にトランズアクションが集中、処理能力が求められる。それに合わせるかのように、スパコン「富岳」が登場した。

日本株の営業マンは、このストーリーだけでたっぷりと営業ができるはずだ。

日本の魅力を知らなすぎる日本人

繰り返しになるが、今後は日本の魅力が相対的に増していく時代が訪れる。

まずはマネーの流れだ。新冷戦により、グローバル資本が中国から撤退し、日本へと向かう。これは必然であろう。

もう一つはアメリカの変化だ。たとえばアメリカは、株主至上主義をやめて、ステークホルダーを大事にするような日本式に転換せざるを得ない。近年アメリカは株主至上主義をやりすぎたがために、さまざまな企業が破綻寸前に追い込まれ、国が救済しなければならない事態に陥った。つまり、あちらこちらでモラルハザードが発生していたのだ。内部留保金で自社株買いをして、株主に高い配当を行い、その企業の経営者はストックオプションで濡れ手に粟といった仕組みは、もはや通用しなくなった。従業員を大切にする、それがまともな会社だというコンセンサスが世界に広がりつつある。要は、日本的な会社を見習う動きが出てきている。

こうして日本的な方向に世の中のベクトルが向くと、当然ながら、日本の備えている有形無形の資産が再評価されるようになる。つまり、日本の魅力が相対的に上がるわけである。

コロナを契機に日常習慣についても、ハグ、キス、握手などはやめて、挨拶は日本的なお辞儀にしよう。家に入るときには靴を脱いで、お風呂に毎日入って免疫力を高めるといった具合に。

世界が手本と目指すのは日本、それが正解という考え方のほうがまともであると、私は思う。

アメリカのように行きすぎた資本主義を暴走させると、モラルハザードが起きて、極端な経済格差を生み出してしまう。一方、中国のように、監視主義で国民をがんじがらめにしすぎると、ディストピア社会をつくってしまう。

それに対して日本は、人々が秩序よく、控えめで、平和的な社会を醸成している。

もちろん、日本だってすべてが完璧ではないけれども、いまはさまざまな分野において、海外では「日本の再評価」が行われている。ジャポニズムの再来である。

こうしたシナリオについては、私が長期的目線でずっと前から描いていたもので、いまはそれが確信に変わってきている。僭越《せんえつ》ながら、世の中が私に追いついてきたのだと思っている。

先ほども書いたとおり、6月23日の『日本経済新聞』の三つの見出しを見て、さらに自信を深めた。

これからは否応なしに日本の時代が訪れる。日本人はその覚悟を持たなければならない。

なぜなら、これは機会到来でもあるが、同時に日本は相応の責任を求められるからだ。海外からさまざまなことを要求され、それに応えていかなければならない。

視点を変えると、日本は戦後、ある意味でメンタルな鎖国をしてきたところがある。今回ようやく鎖国から〝解放〟されるはずである。

最近では若者が海外留学をしなくなり、日本に引き籠っている。ただ、そういう傾向は、日本国内が平和で居心地が良いという証拠でもあるわけだ。それはわかるけれど、若者には世界を見て、視野を広げてほしい。私は、若者が留学を目指さないのなら、国が奨学金をつけてでも行かせるべきだと思う。

明治時代のようにさまざまな国に留学させて、交流を通じて、外国と強い絆《きずな》を醸成していくしかない。同時に日本は、新興国や第三世界から留学生を多く招いてほしい。

安易に留学生を募ると中国人ばかりになってしまうから、多方面に目を向けて、きちんと奨学金を出して優秀な学生を日本に集めて、帰国後に日本と母国との強い絆をつくってもらえるようにする。これはきわめて重要なポイントだと思う。そして留学した学生が日本を好きになれば、私のように日本に残るはずだ。あるいは母国に帰っても、日本との絆を大事にしてくれるだろう。

そのために日本は奨学金の枠を増やして優秀な若い外国人をどんどん呼び込む体制を充実すべきだろう。それに要する支出など日本の国力からすればはした金だ。だが、日本のソフトパワーの充実にとり、その効果は計り知れない。

どの国でも奨学金を出せば海外から優秀な若者が集まってくるとはかぎらない。しかしいまの日本なら必ず来る。翻って、いまの中国がいくらお金を積んでも、ディストピアのような監視社会に喜んで飛び込んでいく海外の若者はいないはずである。

私に言わせれば、そこまで日本が魅力を備えていることを、知らない日本人が多すぎるほうが問題だと思う。

第7章

日本株は宝の山

不況下の株高の意味合い

ところで、2020年3月の株価大暴落に始まった金融危機は本当に終わったのだろうか、と訝《いぶか》しんでいる人はまだ相当いるはずだ。世界経済が元に戻るまでまだまだ時間がかかるし、新型コロナ感染症についても第2波が到来し、感染者が増加している状況だ。しかし、株式市場にとってコロナネタはすでに終了した。市場はコロナショックが連鎖反応で企業倒産を招くことを懸念していたが、政府の大幅な財政出動と金融緩和でそのシナリオの可能性は低くなった。

一つリスクがあるとしたら、それは本書で再三申し上げてきた地政学的リスクだろう。米中の台湾、あるいは尖閣諸島をめぐる衝突がないとはかぎらない。1996年3月の台湾初の総統選挙の際には、中国による「台湾海峡危機」も発生した。

しかしながら、その手の危機はショック安の原因にはなるのだけれど、不況を起こすことはない。みなさんにはそこを区別してほしい。

リーマンショック的なものは、経済的な悪影響をのちのちまで引きずるものだ。それに

景気と株価の動き

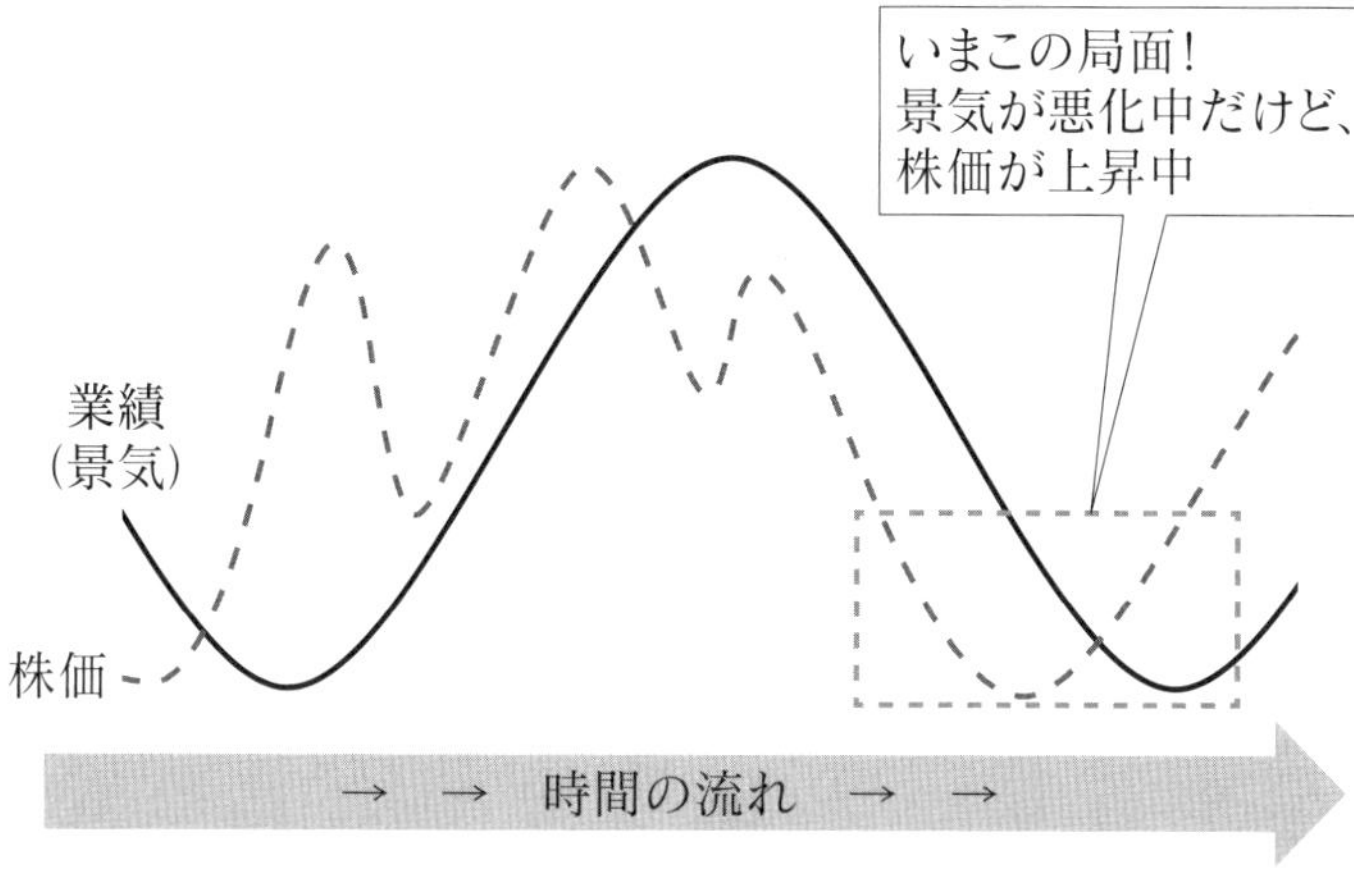

引き換え、地政学的なショックは一時的なもので済む場合が多い。

現在起きているのは、不況下の株高という現象である。コロナ禍で、雇用面においては、昨年までの人手不足が嘘のように、人余りへと変化した。しかし景気の波で、株価そのものは先行して底打ちしている。

みんなが不思議に思っているのは、失業率、GDP、景況指数など、さまざまな指標がこんなに悪化しているのに株価だけが上がっていることだろう。

上の図をご覧になっていただきたい。

企業の株価と業績の関係でいうと、基本的に株価の動きが業績に先行する。したがって株価が先に底打ちしたあとに業績が追いかけてくる。業績がボトムに落ち切らないうちに株価が上がり始めるような状況になりやすい。

これがいま起きているのだと理解していただきたい。

コロナ禍を受けて仕事を失《な》くしている人が急増しているにもかかわらず株価が底打ちして上昇に転じているのは、以上のようなメカニズムが働いているわけである。

上昇サイクルに入った日本の株式市場

サイクル論はさまざまな世界で存在するもので、たとえば経済の世界においても、長いものには「コンドラチェフの波」（景気が約50年周期で循環する）などがある。

かねてより私がみなさんに話しているのは、20年に一度行われる伊勢神宮の式年遷宮の話である。新たに建てた神社の正殿に御神体を遷《うつ》すことを遷宮と呼ぶ。第1回の式年遷宮が内宮《ないくう》で行われたのは、持統天皇の治世であった690年のことで、以来1300年以上にわたって続けられている。

2013年の遷宮では、東の御敷地「米座《こめくら》」から西の「金座《かねくら》」に遷った。伊勢では古来から、東の「米座」時代は、平和で心豊かな「精神の時代」、西の「金座」時代は、激動で物質欲が強い「経済の時代」と言われている。

「米」と「金」のサイクルは正反対で、米は安泰を、金が変動を意味する。

投資は夏冬でいえば「冬」、昼夜でいえば「夜」に種まくものである。冬も夜もともに暗い印象を持つが、一方で「死と再生」を意味しており、新しい時代に転換する時期でもある。そして、何かが転換する際には大きなうねりがあり、今後は動乱の時代が続くと考えられる。日本は平成時代の大部分は米座で、平和な時代だったが景気は低迷した。だが、平成は決して失われた時代というわけではない。令和に向けて、さらなる日本の飛躍のために、種まきは必要だったのである。

当然ながら、いまは「金座」の時代に入っていることから、経済自体はかなり良くなるはずである。日本は平成時代にまいた種の収穫を令和時代に行うだろう。


私はサイクル論を否定しないし、私が予想している日本株の大バブルの到来もサイクル論なのだ。日本の株式市場のサイクルは約40年間の上昇と23年間の調整からなっており、これまで二度起きている。

1878（明治11）年9月半ばに日本の株式取引がスタートして、1920（大正9）

日経平均株価（日経225）株価推移

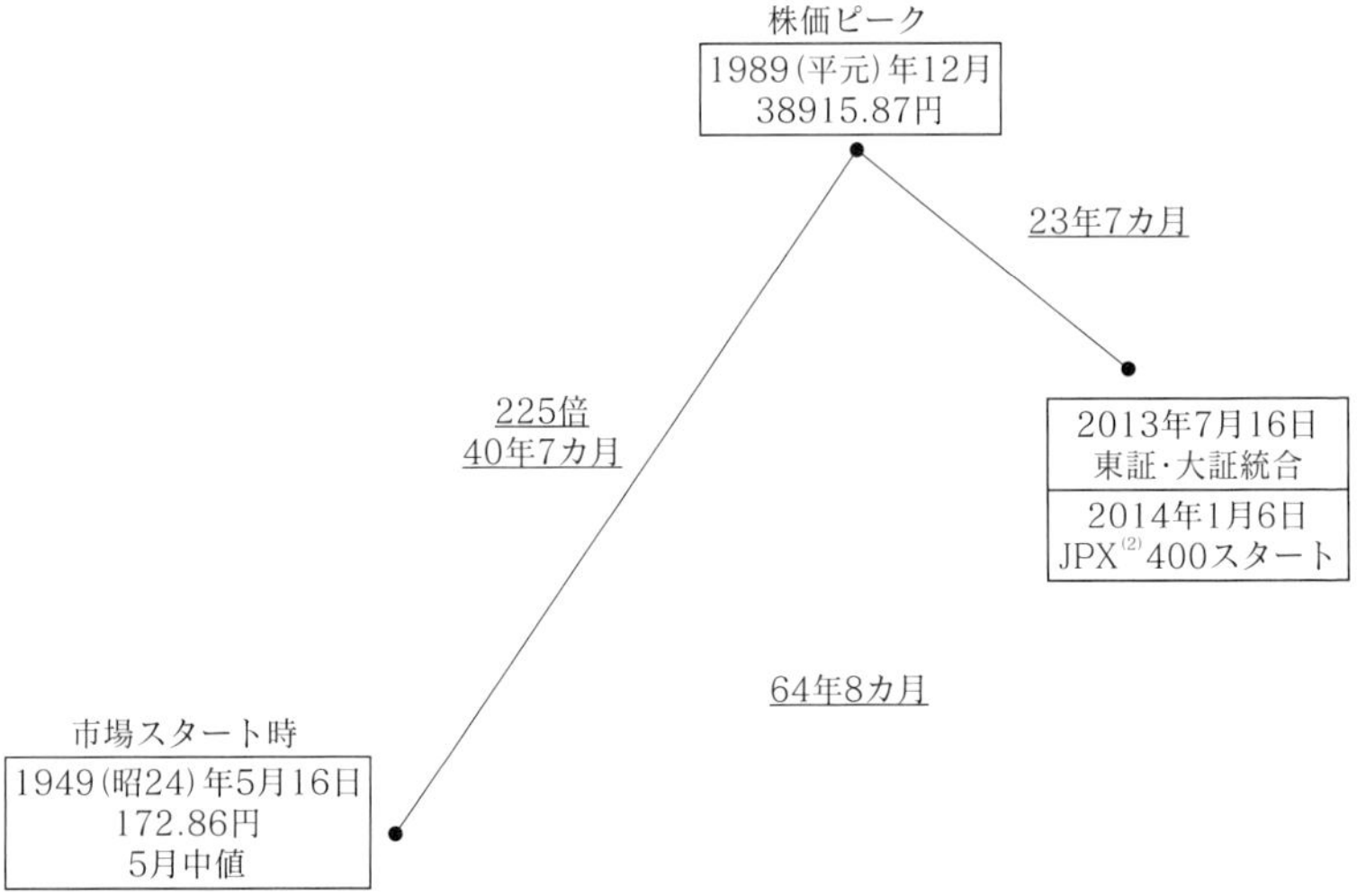

上昇相場

1) 1950(昭25)年7月	1953(昭28)年2月	2年7カ月
85.25円	474.43円	5.6倍
2) 1954(昭29)年11月	1961(昭36)年7月	6年8カ月
315.61円	1829.74円	5.8倍
3) 1965(昭40)年7月	1973(昭48)年1月	7年6カ月
1020.49円	5359.74円	5.3倍
4) 1974年(昭49)年10月	1981(昭56)年8月	6年10カ月
3355.13円	8019.14円	2.4倍
5) 1982(昭57)年10月	1989(平元)年12月	7年2カ月
6849.78円	38915.87円	5.7倍

下落相場

1) 1949年10月	1950年7月	
162.95	85.25	−47.7%
2) 1953年2月	1953年4月	
474.43	295.18	−37.8%
3) 1961年7月	1965年7月	
1829.74	1020.49	−44.2%
4) 1973年1月	1974年10月	
5359.74	3355.13	−37.4%
5) 1989年12月	1990年9月	
38915.87	20983.5	−46.1%
6) 1991年3月	1992年8月	
27146.91	14309.41	−47.3%
7) 1996年7月	1998年10月	
22455.49	12879.97	−42.6%
8) 2000年4月	2003年4月	
20833.21	7607.88	−63.5%
9) 2007年7月	2009年3月	
18261.98	7054.98	−61.4%

2014(平成26)年　甲午(きのえうま)

(2) JPXは日本取引所グループの略。

（資料提供／複眼経済塾）

日本の相場〜株式市場142年の歴史から見る上昇・下落のパターン

東京株式取引所株（東株）株価推移

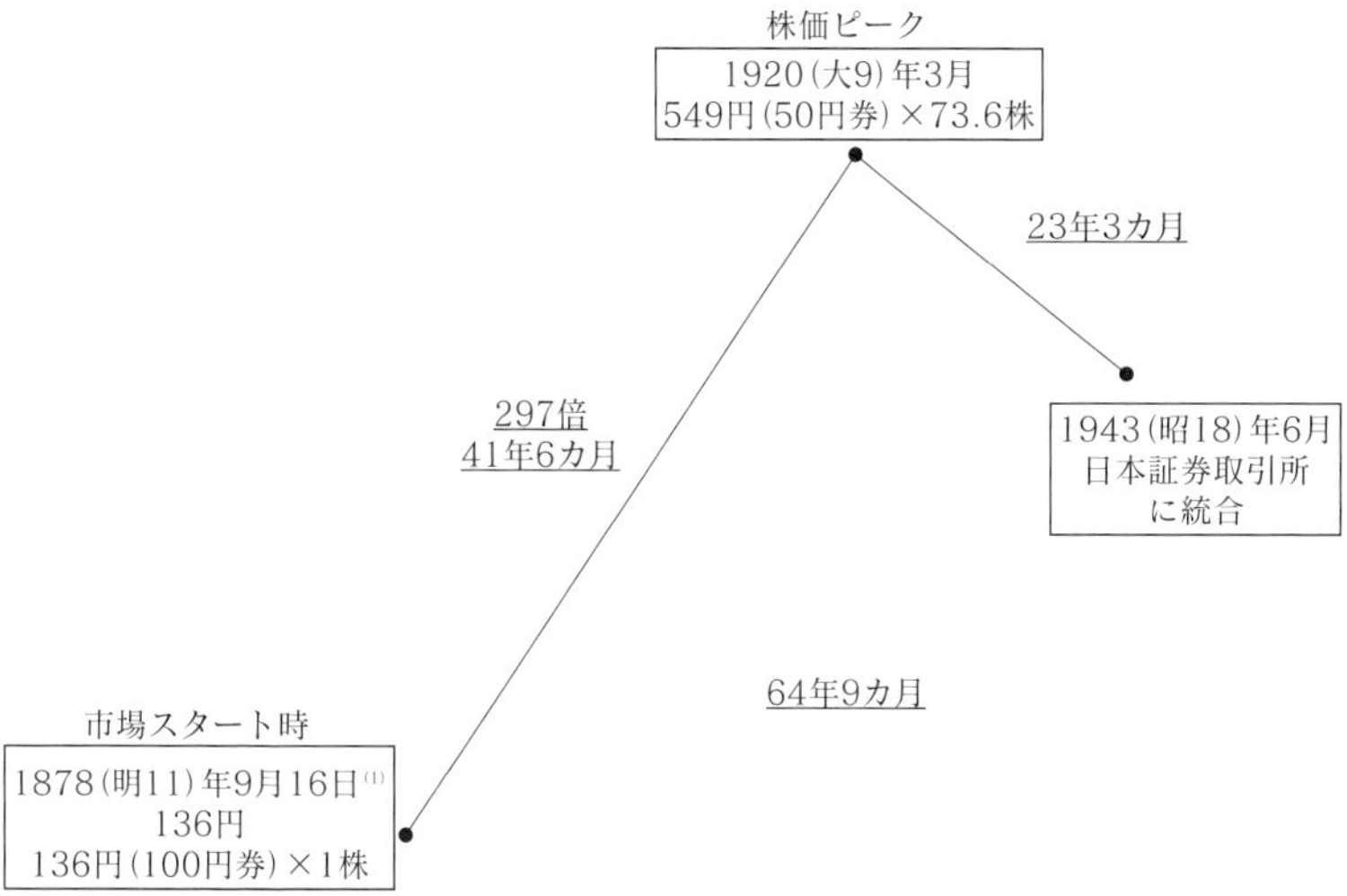

上昇相場(安値・高値で株価3倍以上)

安値	高値	期間・倍率
1) 1885(明18)年11月	1886(明19)年10月	9カ月
159円	491円	3.1倍
2) 1894(明27)年8月	1896(明29)年6月	1年10カ月
155円	904円	5.8倍
3) 1904(明37)年2月	1907(明40)年1月	2年11カ月
125円	(780円×3.08)	19.2倍
4) 1914(大3)年8月	1916(大5)年12月	2年11カ月
103.9円	(301.2円×1.625)	4.7倍
5) 1918(大7)年6月	1920(大9)年3月	1年9カ月
149.1円	549円	3.7倍

下落相場(高値・安値で−50%以上)

高値	安値	下落率
1) 1879年10月	1880年6月	
302.8	126	−58.4%
2) 1881年3月	1882年11月	
329	130	−60.5%
3) 1886年10月	1887年5月	
491	210	−56.8%
4) 1899年5月	1901年3月	
264.5	107.8	−59.2%
5) 1902年3月	1902年6月	
256.5	120.8	−52.9%
6) 1907年1月	1908年5月	
780	258.5	−66.9%
7) 1910年3月	1914年8月	
246.2	103.9	−57.8%
8) 1916年12月	1918年6月	
482.1	230.75	−52.1%
9) 1920年3月	1920年6月	
549	155.1	−71.7%
10) 1928年7月	1930年6月	
207.8	97.4	−53.1%

(1) 日本最初の株式会社・第一国立銀行の株式が上場された。

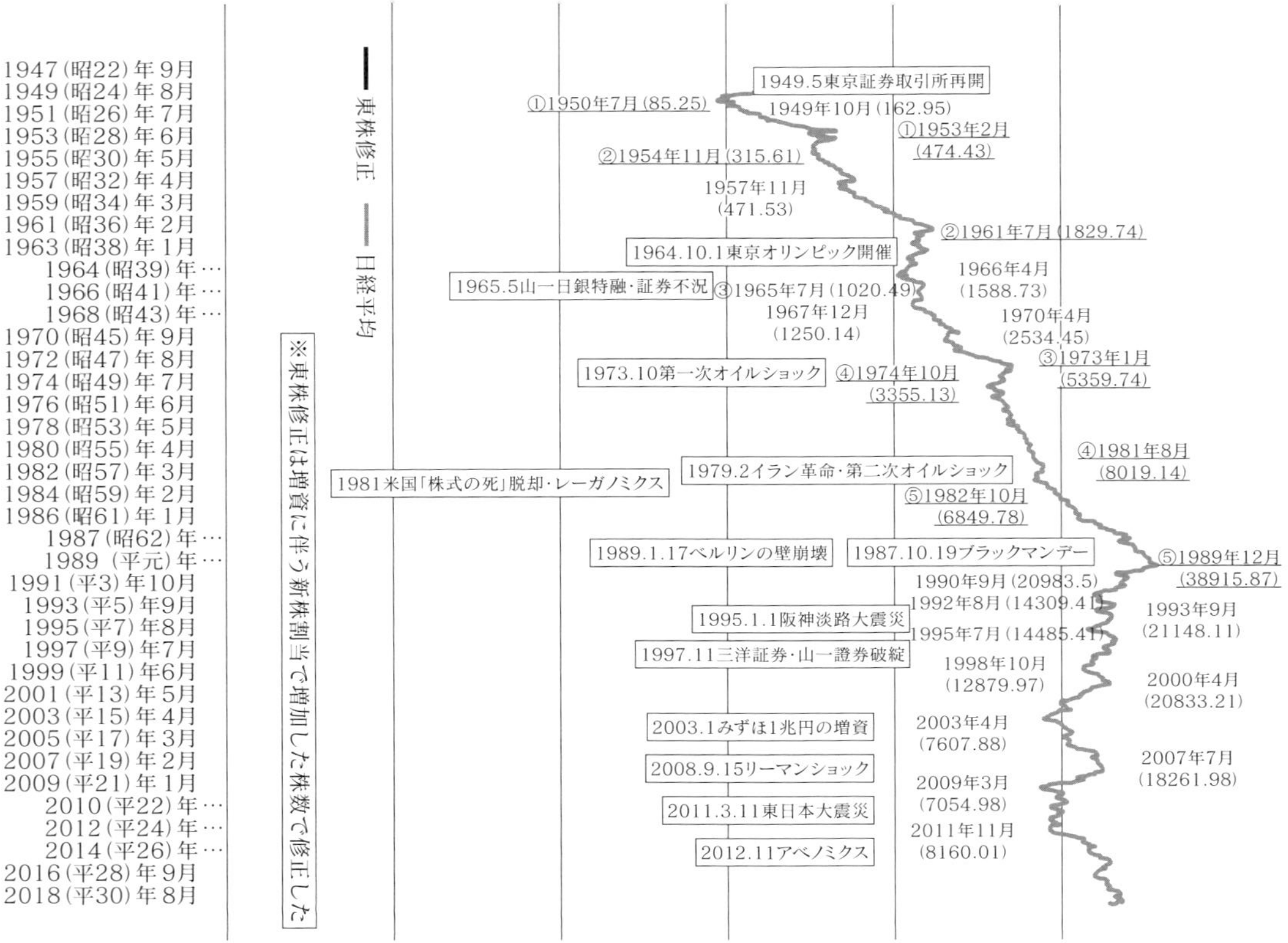
東株修正
日経平均
※東株修正は増資に伴う新株割当で増加した株数で修正した
1949.5東京証券取引所再開
①1950年7月(85.25)
1949年10月(162.95)
①1953年2月
(474.43)
②1954年11月(315.61)
1957年11月
(471.53)
②1961年7月(1829.74)
1964.10.1東京オリンピック開催
1966年4月
(1588.73)
1965.5山一日銀特融・証券不況
③1965年7月(1020.49)
1967年12月
(1250.14)
1970年4月
(2534.45)
③1973年1月
(5359.74)
1973.10第一次オイルショック
④1974年10月
(3355.13)
④1981年8月
(8019.14)
1979.2イラン革命・第二次オイルショック
1981米国「株式の死」脱却・レーガノミクス
⑤1982年10月
(6849.78)
1989.1.17ベルリンの壁崩壊
1987.10.19ブラックマンデー
⑤1989年12月
(38915.87)
1990年9月(20983.5)
1992年8月(14309.41)
1993年9月
(21148.11)
1995.1.1阪神淡路大震災
1995年7月(14485.41)
1997.11三洋証券・山一證券破綻
1998年10月
(12879.97)
2000年4月
(20833.21)
2003.1みずほ1兆円の増資
2003年4月
(7607.88)
2007年7月
(18261.98)
2008.9.15リーマンショック
2009年3月
(7054.98)
2011.3.11東日本大震災
2011年11月
(8160.01)
2012.11アベノミクス
1947(昭22)年9月
1949(昭24)年8月
1951(昭26)年7月
1953(昭28)年6月
1955(昭30)年5月
1957(昭32)年4月
1959(昭34)年3月
1961(昭36)年2月
1963(昭38)年1月
1964(昭39)年…
1966(昭41)年…
1968(昭43)年…
1970(昭45)年9月
1972(昭47)年8月
1974(昭49)年7月
1976(昭51)年6月
1978(昭53)年5月
1980(昭55)年4月
1982(昭57)年3月
1984(昭59)年2月
1986(昭61)年1月
1987(昭62)年…
1989(平元)年…
1991(平3)年10月
1993(平5)年9月
1995(平7)年8月
1997(平9)年7月
1999(平11)年6月
2001(平13)年5月
2003(平15)年4月
2005(平17)年3月
2007(平19)年2月
2009(平21)年1月
2010(平22)年…
2012(平24)年…
2014(平26)年…
2016(平28)年9月
2018(平30)年8月

(日本経済新聞社データ、各種文献を参考に複眼経済塾　作成)

日本の相場～株式市場142年の歴史～

2020年に142年目を迎えた日本の株式市場

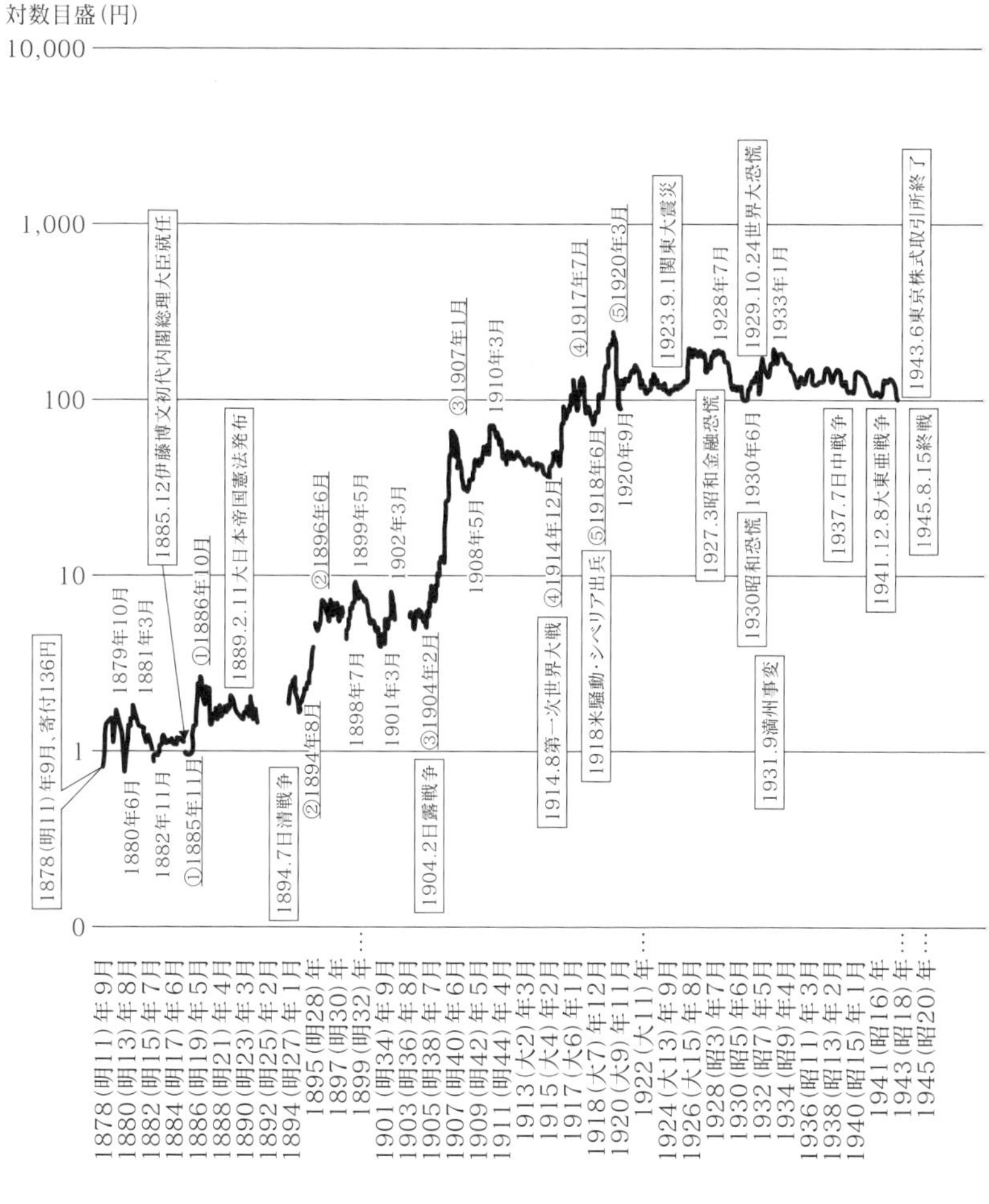

日本の相場〜株式市場142年の歴史〜

戦前の相場と戦後の相場の共通点

■約40年の上昇相場、20年強の調整相場

■市場スタート64年後に取引所統合

▶1943年：東京、大阪、横浜、名古屋、京都、神戸、博多、広島、長崎、新潟、長岡⇒日本証券取引所へ

▶2013年：東京証券取引所、大阪証券取引所⇒日本取引所グループへ

	上昇（スタート時⇒最高値）	調整（最高値⇒統合）
●東株	41年6カ月（1878年9月⇒1920年3月）	23年3カ月（1920年3月⇒1943年6月）
●日経平均	40年7カ月（1949年5月⇒1989年12月）	23年7カ月（1989年12月⇒2013年7月）

■5回の上昇大相場、9−10回の調整相場（136年全10回の上昇大相場のスタートは末尾4年が5回）

■株価ピーク後数年で大震災

▶東株最高値1920年3月の3年半後　関東大震災

▶日経平均最高値1989年12月の5年後阪神淡路大震災

■スタート時点の数年前に価値観を大きく変える出来事あり

▶明治維新（1868年）　⇒東株スタート（1878年）

▶太平洋戦争終結（1945年）　⇒東証再開（1949年）

▶東日本大震災と原発事故（2011年）　⇒ＪＰＸ400スタート（2014年）

■スタート時点ではインフレ、その後デフレ政策で下落相場、株価ピーク時直前は債権大国

（資料提供／複眼経済塾）

年3月に株価はピークを迎えた。当時はまだ日経平均はないので、東株（東京株式取引所）の株価を指数として採用すると、この41年6カ月の間で、株価は297倍になっている。そこから1943年までが調整期で下落していった。

その後は敗戦で取引が止まり、1949（昭和24）年5月に市場はふたたびオープンした。ここから2度目のサイクルが始まり、1989（平成元）年12月まで40年7カ月かけて日経平均は225倍に成長した。ここにも興味深い符牒を発見することができる。日経平均225が225倍になったというところだ。

そこから調整期間が23年7カ月続き、20

13（平成25）年7月に東京証券取引所と大阪証券取引所（現大阪取引所）が統合され、ここから上昇期間に入った。となると、2053年までは上昇期間となる。令和とは、まさに上昇期間のど真ん中に位置しているわけだ。

過去の例をひもとくと、安値から高値まで約200倍も上がっているから、その程度は上がってもいい。ただし、たとえばバブル期の異常高値とか、戦後初期は極端に株価が安かったから、そういう要素を外すと、だいたい日本の1966年から1986年までの20年間で、25倍程度にはなっていることから、今回も20倍にはなるのではないか。

それらを勘案すると、日経平均は、2013年後半に達した1万5000円×20で30万円、25倍ならば37万5000円となる。だから、私が示しているのはそんなにとてつもない数字ではないのである。

円高とともに訪れる日本の株高

おそらくこの上昇期の間には通貨価値も大きく変わるのだろう。ということは、上昇期においては目減りする貯金は駄目で、株式に連動する資産でないと、生き残っていけない。

前述したように、マイルドなインフレが発生することから、資産を現金で持っていても仕方がない。何かに換えておかねばならない。

リスク資産がいちばんいいのだが、名前のとおりリスクがあるので、**リスクがなくてインフレ予防できる投資手段**はないのか？　一言で言うと**ゴールドつまり金**である。金の場合、対インフレには基本的には**「守る」役割**が強い。不況になると金が猛烈に上昇することがある。これは投資先をリスクの高い金融商品から、リスクの低い金融商品（安全資産）に移動させるからである。一方で**市場がパニック状態になると、今度は金まで売られる。キャッシュ・イズ・キング**となるのだ。

金価格が大きく上がり出したのは１９７０年代、アメリカがインフレになっていた時代であった。ニクソン大統領が金本位制を変えて、ドルとゴールドのペッグをなくしてしまったことから、金価格が上昇、当然米ドルの価値は下がった。

アメリカはいま、ドル紙幣をジャブジャブと印刷している。そのため、70年代のように金が上昇するのではないかとの見方が出てきた。ドル円はどうか？　私は令和時代に対ドルで円の価値が下がるとは思わない。

これは過去の株高のときもそうだったが、実際には円安にはなっていなかったのである。

だから**本当の日本の株高は、円高とともに訪れる**のであろう。

つまり、**円安による株高とは、本当の株高ではない**ということである。なぜなら株式の価値は対ドルではあまり動いていないのだから。ではなぜ円安イコール株高という間違った認識が広がったのか？　それは日本人が日本株を買わないからである。いまの日本の株式市場の買い手の7割が外国人なので、当然外国人は何事もドルベースで考える。日本人主体で相場が動いていないからどうしてもドルを基軸に考えないといけないのである。

だから、円安は日本人には良いことに映っても、外国人から見れば変わらないわけだ。円安になって指数が増えたところで、もしくは円高になって指数が減ったとしても、外国人にとっては結局同じことなのである。

これは日本株に30年ほど投資している有名なファンドマネージャーから聞いた話で、彼は「日本株はみんないけてないと思っているけれど、僕らは日本株で儲けているのだ」と語っていた。なぜか。彼はこう言った。「円高ともろもろの配当を加えると、日本株では別に損はしていない。30年間も投資しているけれど、それなりに回している」

〝億り人〟になりたければ、いま日本株を始めるしかない

私はこれまで株に興味のなかった人に対して、こう言っている。いまは株を始める千載一遇のチャンスであると。

このところ証券口座が恐ろしい勢いで増えているようだ。特に若い人のなかにコロナショックによる株価急落をチャンスと捉え、投資を始めた人が多い。コロナショックの安値からはだいぶリバウンドしたが、いまの日本株の価格水準はまだまだ最安値付近だと思ったほうがいい。したがって、こういうときに始めないと、〝億り人〟には到底なれない。〝億り人〟になりたければ、個別株がほぼ底を打っているタイミングを狙って大きな上昇の波に乗るしかない。株を始めるなら「Now or never」と私は思っている。

2008年9月のリーマンショックのとき、野村證券で日本株の営業をやっていた私はよく覚えているのだが、当時の日本株マーケットにおいて、時価総額で10億～20億円台の株がけっこうあった。そして依然として、いまも時価総額で10億～20億円台の中小型株が数多くある。マザーズで高値2500円だった銘柄が、500円、600円台まで急落し

たままになっているのである。反発したとはいえ最高値からまだ7割安だ。

日経平均は日銀が買い上げているからそんなに安くなっていないが、中小型株は日銀買いの対象になっていないから割安のままである。本当は今回の下げ相場で日経平均が1万2000円まで下がってもおかしくなかったが、日銀が一生懸命買い支えたので、そうはならなかった。

私は日銀のETF購入についてたびたび批判してきた。理由は、日銀買いが特定の銘柄の株価を膨らませている一方、幅広い個別株に恩恵が少なかったからである。日銀が買うので機関投資家も「値がさ株」ばかり買って、市場に不均衡が生まれる。投資家の資金が市場全体に効率的に投下されないので新興企業の株価は永遠に安く放置される。値がさ株というのは一株が高いことから最低購入金額も大きく、個人投資家が買いづらいのである。結果的に日銀買いは個人投資家に恩恵が少なく、歪《ゆが》んだ市場構造をつくってしまう。

よって、買うのであれば、大型株だけではなく、中小型株も買ってもらいたい。買いはまんべんなく行ってほしい。

私が『会社四季報』を入念に見ているのは、**自己資本比率が高くて**、現金を豊富に持っているいわゆる**キャッシュリッチな企業**、そしてあまり**借金を抱えていない優秀な企業**を見つけるためである。さらに**営業キャッシュフローがプラス**でちゃんとビジネスが回っている。こういう会社の多くはやっていることが地味で、**マーケットから放置されているが実は宝**なのである。日本にはそういう会社が山ほどある。

実際に**持っているネットキャッシュ**（現預金と有価証券の合計額から有利子負債を差し引いた額）**より時価総額が少ない会社**もたくさんある。複眼経済塾ではこういう会社を**「只《ただ》銘柄」**と呼んでいる。価格としてはタダのようなもの、というかマイナスに評価されている。買ったらお釣りが返ってくるわけである。

時価総額が１００億円でネットキャッシュが１２０億円の企業があった。別に赤字企業でもなく、ちゃんと利益を出している。いま１００億円を持って行って会社を買収したら、会社と一緒に１２０億円がオマケで付いてくるわけで、タダより安い。

こんな相場はもう二度とやってこないだろう。こういうときにこそ逆に入っていかないといけない。時価総額がべらぼうに高い企業を買っても期待できるリターンが限られている。そういう投資もありだが、そこから10倍株は出ない。

結局、ビットコインで〝億り人〟になった人たちは、まだ誰もビットコインがわかっていないときに参入した人たちだった。これから日本で株式ブームが必ず起きる。いま参入しなければ、〝億り人〟にはなれない。

TOPIXの半分がキャッシュリッチ企業

今回のコロナ危機に際して、以前に増して明確になったのは、日本も世界の他国と同様、企業は活動停止を余儀なくされたが、耐久力を備えている企業がとても多いということだった。日本企業はこうした突発的な危機に強い。

理由は前述のとおり、キャッシュをふんだんに持っている、キャッシュリッチ企業が非常に多いからである。約2100社から構成される東証株価指数／TOPIXのなかでなんと半分がキャッシュリッチ企業なのであるのに対し、アメリカのS&P500においては14%でしかないわけで、日本は圧倒的に現金豊富な企業が多い。確かに日本企業は攻めの経営はやっていなかったかもしれないが、いまのような危機には強みを発揮している。

今回、アメリカで何がいちばん叩かれていたかというと、企業経営者のモラルハザードだった。たとえば航空会社は新型コロナでビジネスが停滞し、キャッシュ不足に陥った。なぜキャッシュがすぐ足りなくなったのかというと、儲かっているとき、経営者はストックオプションのボーナス狙いで、現金を社内留保せずに自社株買いに回していたからである。それで株価を吊り上げて投資家も経営者も懐を肥やしてハッピーだったが、いきなり倒産の危機に直面したわけだ。

コロナ危機に遭い、キャッシュに困った各社は国に救済を求めたが、ムシがよすぎるというか、こうした行為はかつてモラルハザードだと禁じられていたはずである。

日本企業の場合は、自社株買いはあまりされていないし、そこまで攻めの経営もしていなかった。けれどもそのぶん、キャッシュリッチであり、しっかりした経営基盤を保ってきた。

実は2008年に起きたリーマンショック時にも同じようなことが起きていた。日本の証券会社はアメリカとちがって、リーマンショックを起こした高リスク金融商品である不動産担保証券にあまり手を出していなかったため、被害が少なくて済んだ。

だから、日本の証券会社には余力があったし、野村證券はリーマン・ブラザーズ（韓国を除くアジア、ヨーロッパ、中東地域の事業）を買収できたりした。今回のコロナ禍への対応しかり、**何事も秩序よく進める体質の日本企業は、突発的な危機には強い**。かなりの抵抗力を備えていると、世界の投資家は認識したのではないか。

日本企業の経営メンタリティが批判されることも多いが、**保守的な経営スタイルは危機に強くまた株主よりも従業員を守る姿勢が再評価される**のではないかと考える。しかもテクノロジーを備えている企業が日本にはかなり多いので、私は日本の個別株はこれから注目されると考えている。

日本にはこんなにも割安株が揃っている

複眼経済塾が２０２０年３月にピックアップした20銘柄のなかには、サカタのタネ、新日本建設、住友林業、パークシャテクノロジー、三菱ガス化学、ミライアル、扶桑化学、ＤＩＣ等々、化学系がなかなか多い。**バリュー株（割安）だけれど、経営がしっかりしているところ**に注目している。

私は個人的に、キラキラ銘柄よりも、**やっていることが地味に見えるが**、どちらかというと、**日本の基盤的な産業で、株価が割安の企業**が好きである。

あくまで投資の考え方の説明の例として、この３月にピックアップした銘柄のストーリーを説明しよう。

たとえば、**サカタのタネ**についての注目ポイントを挙げると、好財務で自己資本比率が81・9％と抜群に高い割安株である。

各社の**PBR（株価純資産倍率）**を見ると、0・4倍、0・6倍や0・7倍など1倍を下回る銘柄、つまり**解散価値とも呼ばれる1株当たり純資産を株価が下回る銘柄**が目白押しだ。**自己資本比率が高いのに株価が異常に安い**。この現象はアメリカ企業が軒並みPBR3倍以上であるのと比べると、日本の企業の株価が安いのが際立つ。

たとえば、**新日本建設**の**PER（株価収益率）**は4・5倍でしかない。**PERは利益と株価を比較して割安性を測る指標**。一般的に**PERが低いと割安**で、具体的には**15倍以下だと割安と考えられている**。そして同社のPBRは0・67倍。自己資本比率は63・6％。ネットキャッシュは777億円。株式時価総額は508億円。

要するに、新日本建設はえらくマイナスの評価をされているわけだ。この会社を508億円で買ったら、777億円がおまけで付いてくるという、嘘みたいな安さである。

住友林業を見ると、国内住宅の豊富な受注残ありとある。アメリカでの住宅建設は引き続き絶好調。オーストラリアについては手薄な西部で住宅会社を買収、現地2位に浮上。住友林業がオーストラリアで第2位の住宅会社になっているのを知っている人は、よほどの通だろう。

パークシャテクノロジーは、一部では話題になっているＡＩの会社。好財務かつ超高成長率。言語理解や画像認識などのＡＩアルゴリズム順調増。ホームＡＩ、法律向けの自然言語処理活用を模索。ここだけはバリュー株ではなく、キラキラの**グロース株（成長株）**である。

注意してほしいのは、これらの銘柄の株価やバリュエーション指標は読者がこの本を読んでいる時点ですでに変わっているので、私はこれらの銘柄を買えと言っているわけではない。考え方を説明しているのでそれを理解してほしいのだ。考え方がわかれば自分でお宝株を見つけることができるようになる。

ミレニアル世代が変える日本の株式市場

繰り返しになるが、私は２０２５年の大阪万博の年には日経平均は５万円になると予測している。そして２０３０年には８万円に到達する。これらはまず実現すると思う。

私が喚起したいのは、いままでの感覚は捨てたほうがいいということだ。日本人の大半

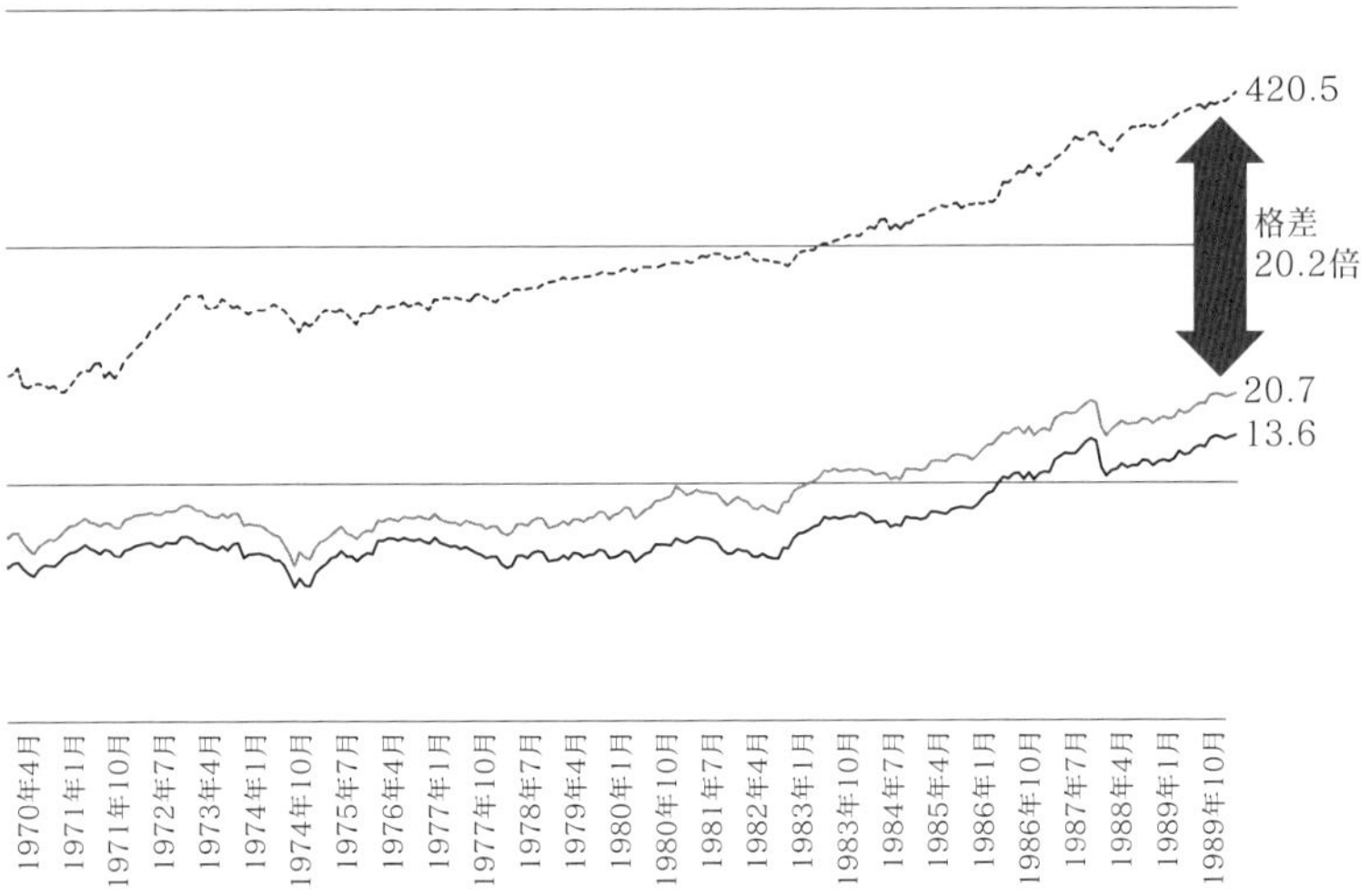
420.5
格差
20.2倍
20.7
13.6
1970年4月
1971年1月
1971年10月
1972年7月
1973年4月
1974年1月
1974年10月
1975年7月
1976年4月
1977年1月
1977年10月
1978年7月
1979年4月
1980年1月
1980年10月
1981年7月
1982年4月
1983年1月
1983年10月
1984年7月
1985年4月
1986年1月
1986年10月
1987年7月
1988年4月
1989年1月
1989年10月

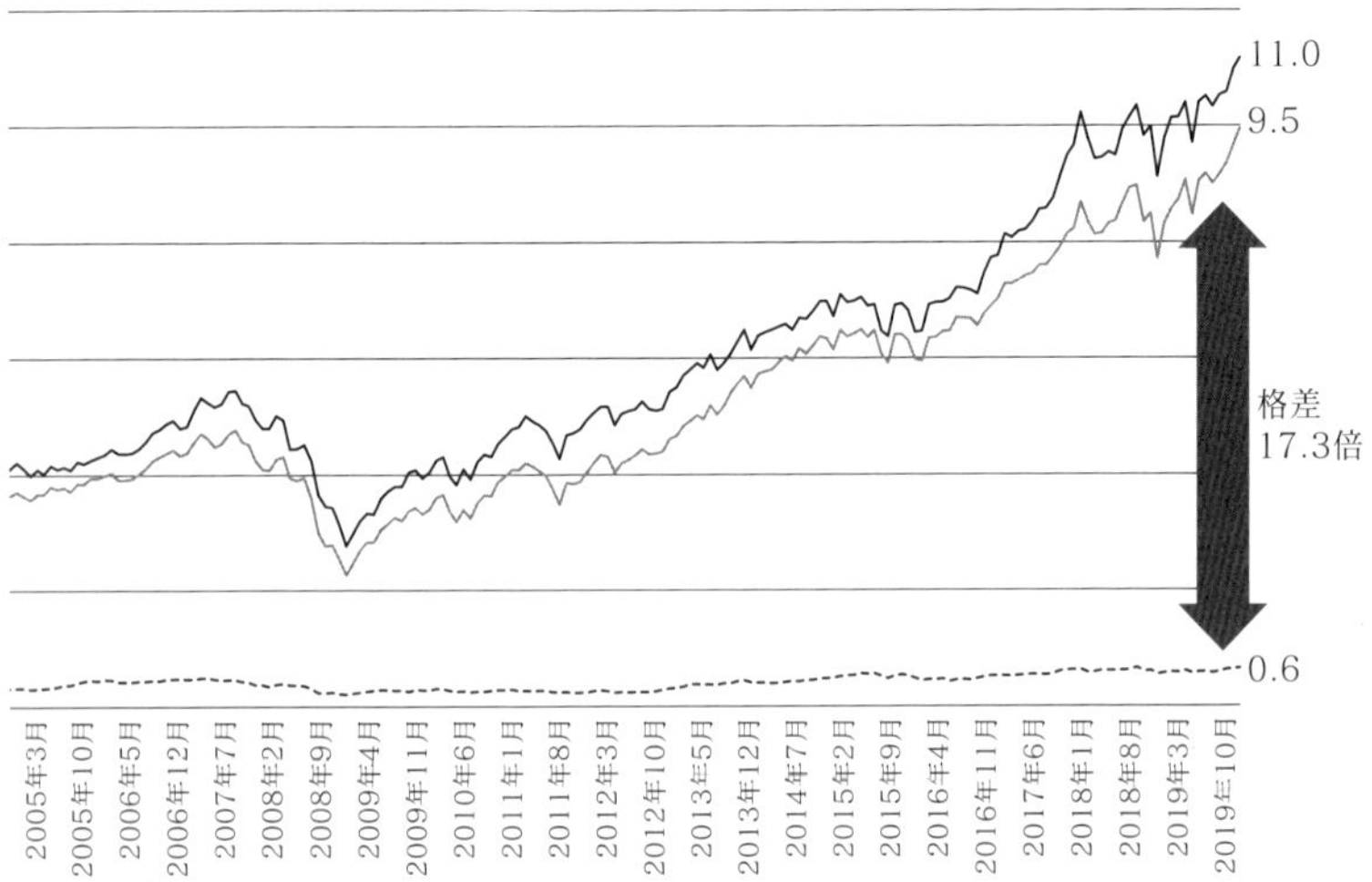
11.0
9.5
格差
17.3倍
0.6
2005年3月
2005年10月
2006年5月
2006年12月
2007年7月
2008年2月
2008年9月
2009年4月
2009年11月
2010年6月
2011年1月
2011年8月
2012年3月
2012年10月
2013年5月
2013年12月
2014年7月
2015年2月
2015年9月
2016年4月
2016年11月
2017年6月
2018年1月
2018年8月
2019年3月
2019年10月

（資料提供／複眼経済塾）

冷戦時代の株価の上昇率において日本株は米国株に圧勝

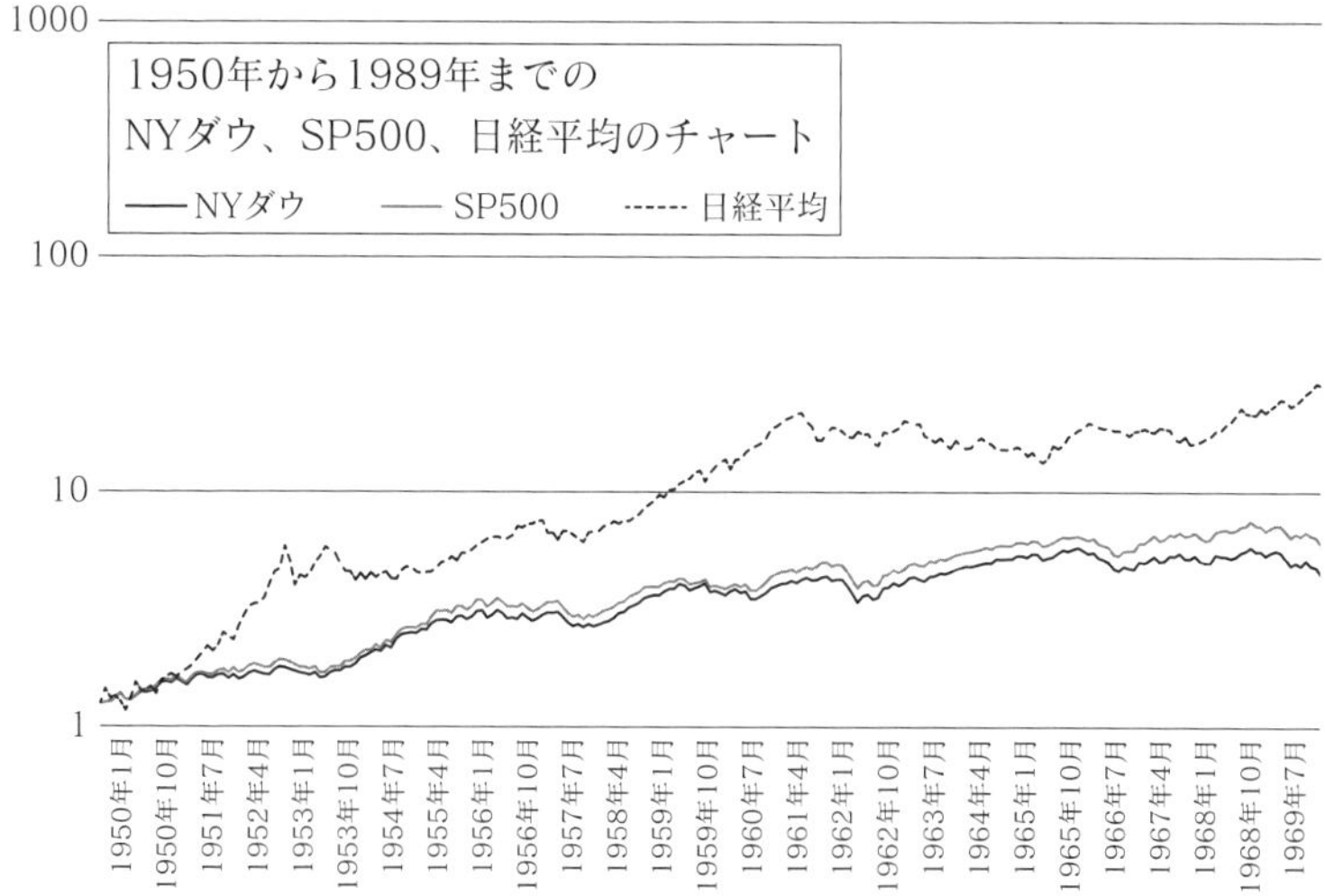

日本株が米国株に負け始めたのは冷戦終結以降である

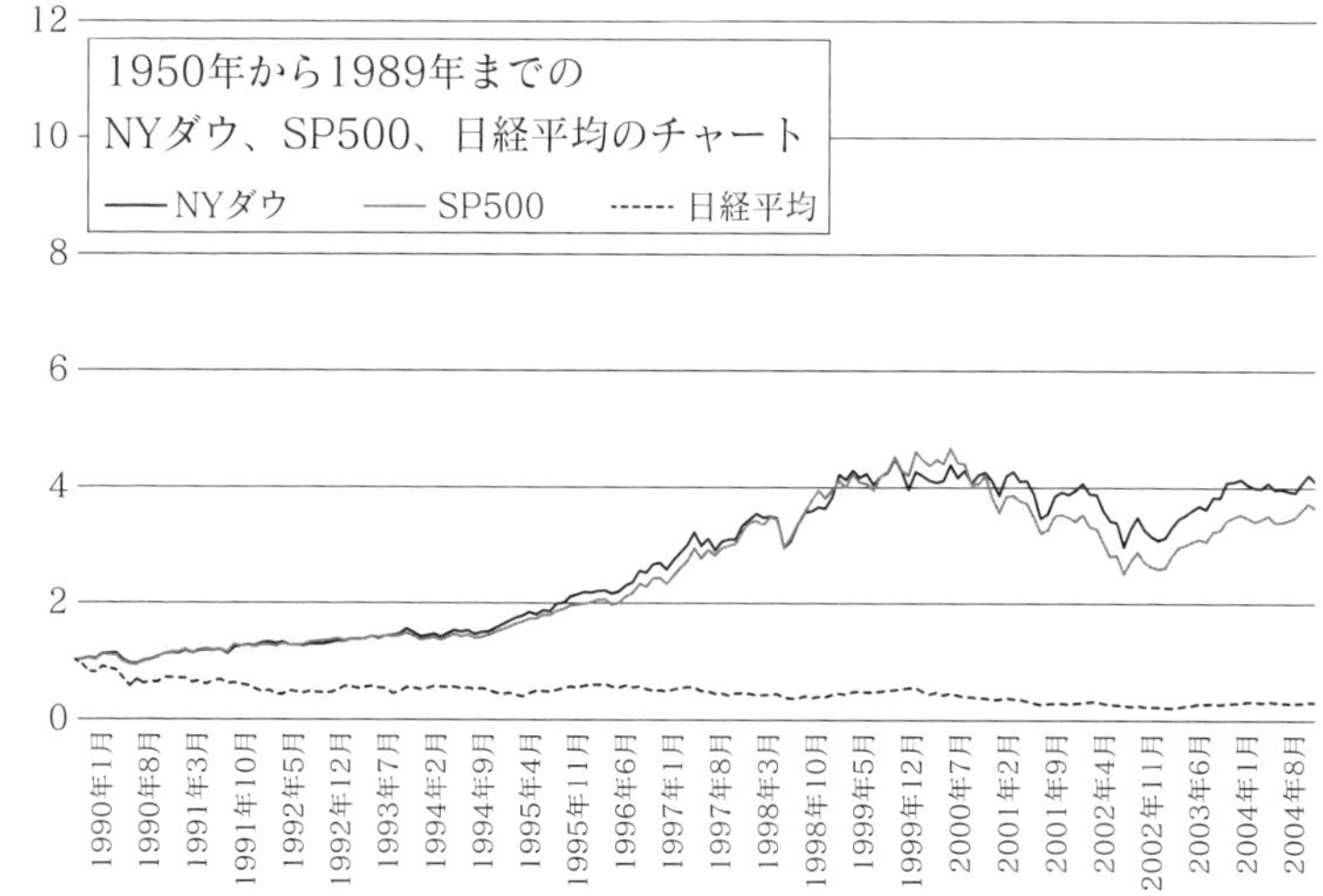

は、１９９０年から２０２０年（実際には調整期間は２０１３年7月の東証・大証統合で終わっている）までの30年間のイメージにとらわれすぎている。トラウマと言ってもいいかもしれない。まずはそれを捨てなければならない。

たしかにこの30年間、日本人は儲からなかった。けれども、１９４～１９５ページのグラフでもわかるように、米ソの冷戦時代（１９５０～１９８９年）においてはむしろ日本株の上昇率のほうが米株の上昇率より高かった。バブル崩壊の大幅下落を除けば、実際にはそれほどの損もしていない。

30年間の株に対する悪いイメージを持ち続けているかぎり、日本人はこれからやってくる千載一遇のバブルの波に乗り損なう。まったくちがう時代に、まったくちがうサイクルに入ったと自覚しなければならない。

前にも述べたが、いま、非常に面白いことが起きている。20代、30代の若い人たちの証券口座の開設が急増しているのだ。もちろん、例の「老後２０００万円問題」が追い風にはなった。とはいえ、株式投資に興味を持っていたものの、なかなか前に踏み出せなかったという潜在需要がそれだけ多かったということである。

ミレニアル世代の株式投資への参戦。これが今後の株式市場の流れを大きく変えるきっかけになるはずである。たとえば、ミレニアル世代が注目しているようなテーマ、そのなかにはもちろん「持続可能な開発目標（ＳＤＧｓ）」も入っている。ミレニアル世代は環境に優しいものには敏感なので、そうしたこだわりを持つ企業は今後、より注目されるだろう。

こうした背景から、私はこれからは日本人が日本株を〝主体〟となって買い、株価を上げていくような時代に入っていくと確信している。

実は今回のコロナ禍による株式下落後、複眼経済塾の会員も急激に増えた。この５カ月間で、過去５年間の会員数の２倍以上の人たちが入塾してきた。日本人は株式や金融にネガティブな気持ちを持ちながら、その一方では意欲を抱いているのだと、われわれは痛感した次第である。

日本人のメンタル的にも、日本株が上昇サイクルに入ったことを示しているのだと、私は捉えている。

また冷静に分析してみると、バブル期に高値で株を買って損をした人たちの割合が少なくなったことが大きいとも言える。いま参戦してきたミレニアル世代の人たちはバブル時代の日本など知るはずもない。

若い世代が株式投資に関心を持つようになった要因はそれ以外にもある。一番は日本社会が終身雇用でなくなったことだろう。そこには人生の途中で何かアクシデントがあったときに生活にバッファー（ゆとり）をもたらすものが不可欠となったとする彼らの希求が見え隠れしている。

そうした若い人たちが株に興味を持って市場に入ってくるのは、バブルの崩壊を知らないからで、逆に株式投資を妙に怖がらない。むしろ、ビットコインを買って〝億り人〟になった人たちを見て、「ああ、オレも買っておけばよかった」と歯噛みするようなメンタリティを備えている。

だからこそ決して過度なリスクを取らず、正しい投資の仕方を覚えてほしいと切に願っている。

株式を購入する世代の交代、入れ替わりというか代替わり。これが今後の日本株を大きく押し上げる最大の要因になるにちがいない。

第8章

日本株はどういう視点で投資すべきか？

マザーズの上昇とバイオベンチャー

新型コロナウイルスの感染拡大のなか、大化けするかもしれないとの期待感からか、株式市場でおおいにもて囃《はや》されているのがバイオベンチャーである。

実は、私自身はバイオ系学部出身なのだが、バイオベンチャーは買わないことにしている。なぜ買わないのか。正直に申し上げると、よくわからないからだ。

自分がバイオの専門家だからこそ言えるのだが、このセクターはそれなりに実験やデータを把握しないと、非常に買いづらい。私の野村證券時代にお客さんだった凄腕のファンドマネージャーがいたのだが、彼もまたバイオには絶対に手を出さなかった。

その人に「なぜバイオ株を敬遠するのですか？」と聞いたことがある。すると、わからないからだと、正直に返してきた。

その他の分野、たとえばアパレルにしても、旅行関連にしても、自動車にしても、まず個人の手に入るようなデータが揃っているので、その会社の内部事情に詳しくなくてもだいたい実情がわかる。だが、バイオベンチャー、医療系企業はそうはいかない。

私はバイオベンチャー株を買うなと言っているわけではない。儲け優先ではなく、このバイオベンチャーを応援したい。このバイオベンチャーの技術を発展させてもらいたい。自分もいつかそこの医療技術なり薬なりにお世話になるかもしれない。そういう観点で買うのならばおおいに賛成である。

5年に一度は起きるエピデミックやパンデミックのとき、そうした株は「イナゴ投資」の対象となる。イナゴ投資とはろくに調べもしないで人気株に群がることを言う。これは投資ではなく、マネーゲームだし、ギャンブルと大して変わらない。一度や二度儲かっても必ず痛い目に遭うものである。

強気派は強気相場で、弱気派は弱気相場で勝つことはできる。けれどもイナゴは結局、佃煮にされるだけだから、それだけはやめたほうがいい。

そのバイオベンチャーの創業者の考え方や人間性に共鳴したのなら、買ってもいいだろう。

新興市場マザーズが上昇してきた。大仰でなくマザーズバブルとなる可能性もある。

振り返ってみれば、マザーズの下げは世界的な暴落があった2020年3月に始まったわけではない。東証マザーズ指数のチャートを見ればわかるように、この2年半、低迷し、ずっと雌伏を強いられてきた。

マザーズ市場は、2018年1月からずっと下がっている。だから私はいま、ようやくマザーズが上がるタイミングにきたと考えている。

なぜこのタイミングでマザーズが底を打ったのか。景気の底が見えたからに他ならない。

私は2018年後半から景気は悪いことを示し、コロナショックの前に、すでにリーマンショックのようなことが起きていると指摘していた。

個別株は高値からずっと下落していて、特に中小型株においては高値から7割安の企業が多くなった。これは基本だから覚えてほしいのだが、**金融危機時の株価の下落目安は大型指数で高値の半値、個別株で約7割安**である。つまり、コロナ前にすでにリーマンショック並みの下落が起きていた。そこにコロナショックが襲ってきて、これでやっと底打ちしたのだ。

だから、これから**「倍返し」がマザーズ銘柄で起きると**感じている。かつ、まだまだ日本企業の輸出は戻らないので、**内需系が強い**と思う。

こういう時期には**時価総額が小さいところのほうが上がりやすい。中小型投資の目標は**

テンバガーになる、つまり**10倍になる銘柄を見つけること**だ。10倍株を探しにいこう。日経平均で2～3割取るといったレベルではない。時価総額が20億円、30億円ある銘柄の10倍とは200億円、300億円。これは上昇相場に入れば一瞬のうちに到達する。

もともと出来高が小さいからちょっと買われると、たちまち株価は上がる。実際にそういう相場が2016年から2017年にかけてあった。

2016年後半からの東証マザーズ指数は、一度調整があったものの、2018年2月の「VIX ショック」直前まで上がり続けた。このときは1367ポイントまで上がってきていた。今回のマザーズ指数についても、私は1400ポイントまで上がるのではないかと予測している。いまは1000ポイント前後だけれど、一時は527ポイントまで下がったので、そうとう戻してきたわけだ。

ではどのように投資すべきなのか？　もちろんマザーズ指数に連動するETFをコツコツ買うという手もある。しかし、指数より個別株だ。10倍株を見つけるのには難儀するかもしれないが、2倍、3倍になる銘柄はうようよあるのだから、そういうのを探していったほうが得策ではないか。

『会社四季報』のコメントがすべて悪いときは逆に「買い」

２０２０年３集『会社四季報　夏号』の冒頭３ページは、東証1部、２部、ＪＡＳＤＡＱ、新興市場マザーズの市場ごとの「市場別決算業績集計表（計３３６０社）」が載っており、前期比増額率が示されている。

今期とは３月決算の会社は２０２１年３月期になるのだが、今期予想は「８・２％減収、16％営業減益」、つまりこれは2期連続2ケタ減益で、表面上はきわめて悪い。

東証33業種では鉄鋼、空運、海運が今期、営業赤字に転落する予定である。全上場会社３７７８社のうち２５００社以上の銘柄コメントに「コロナ」のワードが見られた。だが、ここまでコロナ一色では「コロナ対応」はテーマにはならず、コロナに特化するのは危険だろう。なぜなら、一部においてコロナ関連銘柄はすでに〝バブル化〟しているからだ。

実際にこれは２０００年の「ＩＴバブル＝ドットコムバブル」と同種のもので、コロナバブル自体は依然として続いている。特にコロナの恩恵を受けたスーパー、ドラッグストア、ホームセンター銘柄はいまもかなり割高な状況にあることから、株価は一服の形だ。

市場別決算業績集計表（前期比増額率）（単位%）

	決算期	合計（3360社）	1部（1944社）	2部（466社）	JASDAQ（606社）	新興市場（316社）
売上高	前期（実）	▲1.3	▲1.4	▲1.7	1.8	8.8
	今期（予）	▲8.2	▲8.4	▲7.7	▲2.4	6.8
	来期（予）	7.9	8.0	6.0	5.6	11.6
営業利益	前期（実）	▲23.7	▲24.8	79.7	0.5	▲41.7
	今期（予）	▲16.0	▲15.9	▲25.3	▲12.5	8.8
	来期（予）	36.2	36.1	40.6	29.1	117.9
経営利益	前期（実）	▲19.9	▲20.2	28.1	▲15.1	▲50.8
	今期（予）	▲18.0	▲18.4	9.0	▲10.7	17.5
	来期（予）	32.3	32.2	35.9	27.7	149.1
純利益	前期（実）	▲32.0	▲30.1	▲85.4	▲40.0	赤字化
	今期（予）	▲12.5	▲13.3	64.4	2.4	連続赤
	来期（予）	39.1	38.8	51.7	30.1	黒字化

（注）新興市場はJQを除く、営業利益は銀行・保険を含まない

●2020年『会社四季報　夏号』3ページ「市場別決算業績集計表」
・合計（3360社）：今期「8.2%減収・16%減益」
前期は3カ月前「0.4%減収、9.3%減益」から「1.3%減収、23.7%減益」で減益拡大で着地
今期は「減収・営業減益」ながら「減収拡大・減益縮小」のため「株価底打ち」のタイミング
・新興（316社）：今期「6.8%増収、8.8%増益」
「増収益」に戻り、来期は118%増益と急増
⇒業績を背景にマザーズが強い展開だった

（資料提供／複眼経済塾）

＊第８章の資料は2020年３集『会社四季報　夏号』を基に複眼経済塾が作成した。

ちょうど『四季報　夏号』の3カ月前に発売された『四季報　春号』が「底打ち」をテーマにしていたが、その予想どおり3月に株価は底を打った。したがって、赤字転落であっても、われわれは引き続き「強気見通し」を継続している。

なぜなら、**「赤字転落」のタイミングは株価が大底をつけるタイミング**であり、**いまが絶好の投資チャンス**であるからだ。

2020年『四季報　夏号』2ページの「見出し」ランキングで見る業績トレンドは次ページの表のとおり。

これによると、5位「横ばい」、7位「横ばい圏」以外、残り8つすべて、1位「反落」から始まり、「悪化」を示すキーワードが並んだ。このように**『四季報』のコメントがすべて悪いときは逆に「買い」**なのである。これを**「陰の極」**と呼び、われわれは**大底**と判断している。

たとえば今回の『四季報』で初登場だったのは「赤字転落」というワード。『四季報』に赤字転落という言葉が出てくるときは、実は言葉の意味とは裏腹に、基本的には「買い」のチャンスであることが多い。なぜなら、『四季報』よりも株価のほうが先に動いて底打ちすることが多いからである。

2020年『会社四季報　夏号』「見出し」ランキングで見る業種トレンド

順位	2020年3集 夏号		2020年2集 春号	
1	反落	280	反発	166
2	続落	271	上向く	155
3	大幅減益	99	横ばい	136
4	後退	86	小幅増益	129
5	横ばい	68	連続増益	126
6	苦戦	66	堅調	114
7	横ばい圏	65	続伸	108
8	減額	65	続落	85
9	赤字転落	64	反落	83
10	連続減益	63	微増益	77

・5位「横ばい」、7位「横ばい圏」以外、8つすべて、1位「反落」から始まり「悪化」を示すキーワードが並ぶ
⇒コメントがすべて悪い＝「陰の極」で大底と判断！
・気づきのテーマ「赤字転落」は9位に初登場！
⇒株式投資では赤字転落は売りか？　買いか？

（資料提供／複眼経済塾）

いち早く増収増益モードに戻ったマザーズ市場

２０５ページの市場別決算業績集計表に戻ると、２０２１年３月期の今期予想は「８・２％減収、16％営業減益」。前期２０２０年３月期は「１・３％減収、23・７％減益」で着地している。だから、今期は「減収、営業減益」ながらも**「減収拡大、減益縮小」のため、「株価底打ちのタイミング」**と考えられるのである。

減収、減益だけれども、減収幅が拡大。要するに、売上の下落が大きくても、減益幅は縮小している。つまり、そこまで大きく減益にはなっていないのだ。こうした傾向の場合、たいてい株価は底打ちする。

なぜか。こういう経営環境のとき、まず会社はコストカットを進めているからだ。だから、売上減ほど利益は落ちていない。

一方、今回の決算業績集計表で最も業績が良かったのは新興市場（３１６社）で、今期「６・８％増収、８・８％増益」に転換、新興市場のほうが1部、２部、ＪＡＳＤＡＱに先行している。また来期については、「約１１８％増益」と急増が見込まれている。要因は、

2020年『四季報　夏号』の3360社合計の業績の見え方

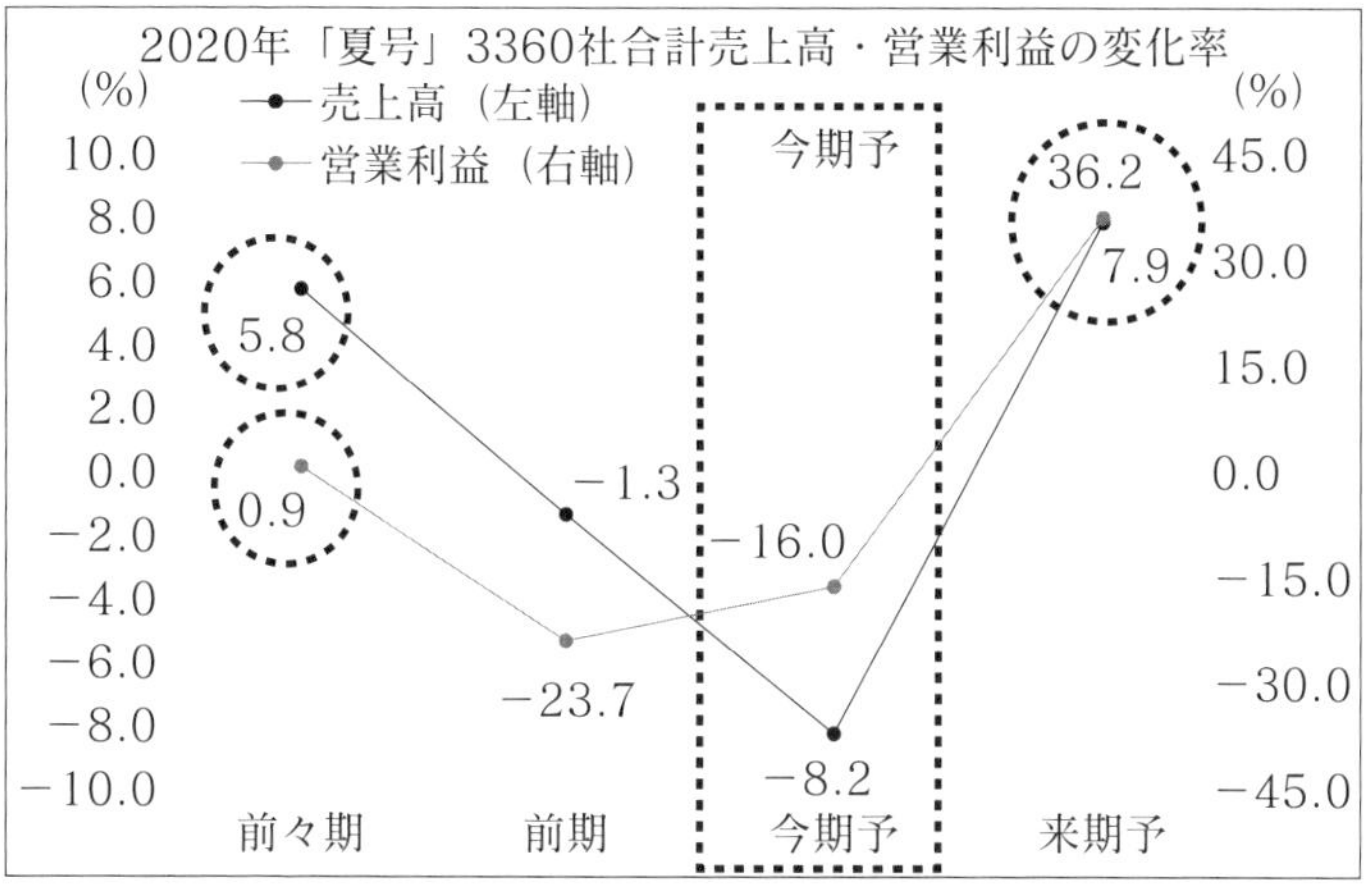

合計（3360社）の業績変化の見え方

▶売上高・利益とも「変化率」は来期に向け大きく「プラス転換」し「V字回復」

▶今期減収減益ながら、利益は一歩早く「前期ボトム」、売上高は「今期ボトム」を付けて来期ともに急回復する

▶来期の「変化率」は前々期の伸びを大きく上回る

▶見え方は悪くない

〇〇の絶対水準ではなく、
先々の「変化率＝方向性」
を見ることが重要！

（資料提供／複眼経済塾）

業績好調によるもの。３月からマザーズ市場が大きく上がったのも、業績を背景にしたものであった。

２０９ページの図は、２０２０年『四季報　夏号』に掲載された３３６０社合計の業績の見え方を示したものである。

図で見るとかなりわかりやすくて、売上高、営業利益ともに「変化率」は来期に向け大きく「プラス転換」、しかも「Ｖ字回復」することが予測できる。今期は減収減益ながら、利益は一歩早く「前期ボトム」、売上高は「今期ボトム」をつけて、来期はともに急回復すると思われる。来期の「変化率」は前々期の伸びを大きく上回る。

おさらいになるけれど、つまり、売上、利益ともに下がってはいるものの、実は２０２０年３月期（前期）のほうが、もっと減益幅が大きかった。それが今期予想は少し良くなっている。しかし、その代わり、売上高のほうが悪くなっている。減益幅の減少が若干小さくなっている。これは一歩先に底打ちが待っている。

こうした要素を考えると、実際には**かなりの勢いで来期（２０２２年３月期）はＶ字回復していく**と思う。ということは、要はなるべく**早く株式投資を始めたほうが正解**だということだ。いまが大チャンス到来と言える。

見た目上の業績悪化は秋頃までは続くのだろうが、秋以降は、回復に向かう。ただ株価自体は業績に先行して動くので、株式投資を始めるなら早いほうがよい、と私は強く勧めている。

マザーズ市場は、FRBの利上げ観測を機に発生した２０１８年２月のいわゆる「VIXショック」を受け、２０１８年１月高値１３６７ポイントから一貫して下落した。つまり、マザーズに関しては、今回のコロナショックのずっと前から下がっていたのだ。

それで２０２０年３月にようやく安値５２７ポイントで底打ちした。前回高値からマザーズは61％も下落したことになる。そこから反発。今度は約３カ月で87・２％上昇したけれど、われわれはまだ上昇余地があると考えている。というのは、２０１８年の高値水準まで値を戻していないからである。

新興株はいち早く今期から増収増益モードとなり、マザーズは大きく上がったが、TOPIX（＝大型株）は戻りが鈍い。原因は、決算業績集計表が示しているように、依然として大型株に関する今期予想が悪いことから、相対的に出遅れたと言える。

ただし大型株についても、まだ上昇していないので、いまが「買い」のタイミングだと、私は考えている。

大型株の狙い目は地味な鉄鋼と石油・石炭

東証に上場する銘柄は全33業種に分けられている。3カ月前と比較してみよう。まず売上高については全「33業種」、営業利益では医薬品を除く「32業種」がマイナスを示している。つまり、コロナ以降のこの3カ月、すべての業種の売上高が減っている。医薬品のみがいちおうプラスを維持したとはいえ、残りはすべてマイナスだった。パンデミックが起きているのだから、これは当然と言えば当然の結果だろう。

売上高、営業利益ともに「総額＝水準」が低下しており、足元での業況の悪化を示している。また、「減収32、減益29業種」のため、総額の「大小」で判断するのではなく、売上・利益の前期比変化率の「組み合わせ」や「方向性（＝改善・悪化）」で判断する必要がある。

何を言いたいのかというと、見た目（いまどうなっているのか）よりも全体の流れを重視せよということである。

まずは、「組み合わせ」という視点で考察する。たとえば、売上高と営業利益（金融では経常利益）の組み合わせで考えてみよう。

①**減収増益**の企業→**売上高は減少**、**利益は増加**する局面で、**株価は「大底圏」**とされる。これは**売上減少よりもコスト削減が効く局面**だ。企業の減収以上に**コスト削減を先行**させるから、逆に**増収に転じると、売上拡大に伴い利益は大幅に増加**する。基本的に**「減収黒字転換」「減収赤字縮小」**についても、考え方は同じで、注目すべきキーワードである。

そして今期これにあたるのは、**石油・石炭**（減収黒字化）、**情報・通信業**、**保険業**と思われる。注意しなければならないのが情報・通信業。ここの今期予想が良くなっているのは、前期で大赤字に陥ったソフトバンクが大きく回復するとみられ、ソフトバンクの牽引力頼みが強いかもしれず、今期の情報・通信業についての予想はあまり参考にならないのではないか。

②**増収増益**の企業→単純に**売上高・利益ともに増加**、これは完全に**「株価上昇」**局面と言える。今期（2020年3月〜2021年3月）については**医薬品**と**証券業**の2業種のみである。

③**増収減益**の企業→この銘柄の株価は**「天井圏」**にあることから、**一番避けたいパターン**

①減収増益 ⇒売上高は減少、利益は増加する局面で株価は「大底圏」とされる

- 売上減少よりコスト削減が効く局面で、売上拡大に伴い利益も増加する
- 「減収黒字転換」「減収赤字縮小」も考え方は同じである
- 今期：石油・石炭（減収黒字化）、情報・通信業、保険業

②増収増益 ⇒売上高・利益とも増加、「株価上昇」

- 今期：医薬品、証券業（※増収はこの2業種のみ）

③増収減益 ⇒売上高は増加、利益は減少

- 株価「天井圏」、今期該当なし、来期：保険業

④減収減益 ⇒売上高・利益とも減少、「株価下落」

- 「減収赤字」も考え方は同じだが来期「増収増益」なら変化率が大きいため投資魅力は大きいとされる
- 今期赤字：鉄鋼（連続赤字）、海運業、空運業

（資料提供／複眼経済塾）

売上高と営業利益の組み合わせで考える株価の変化

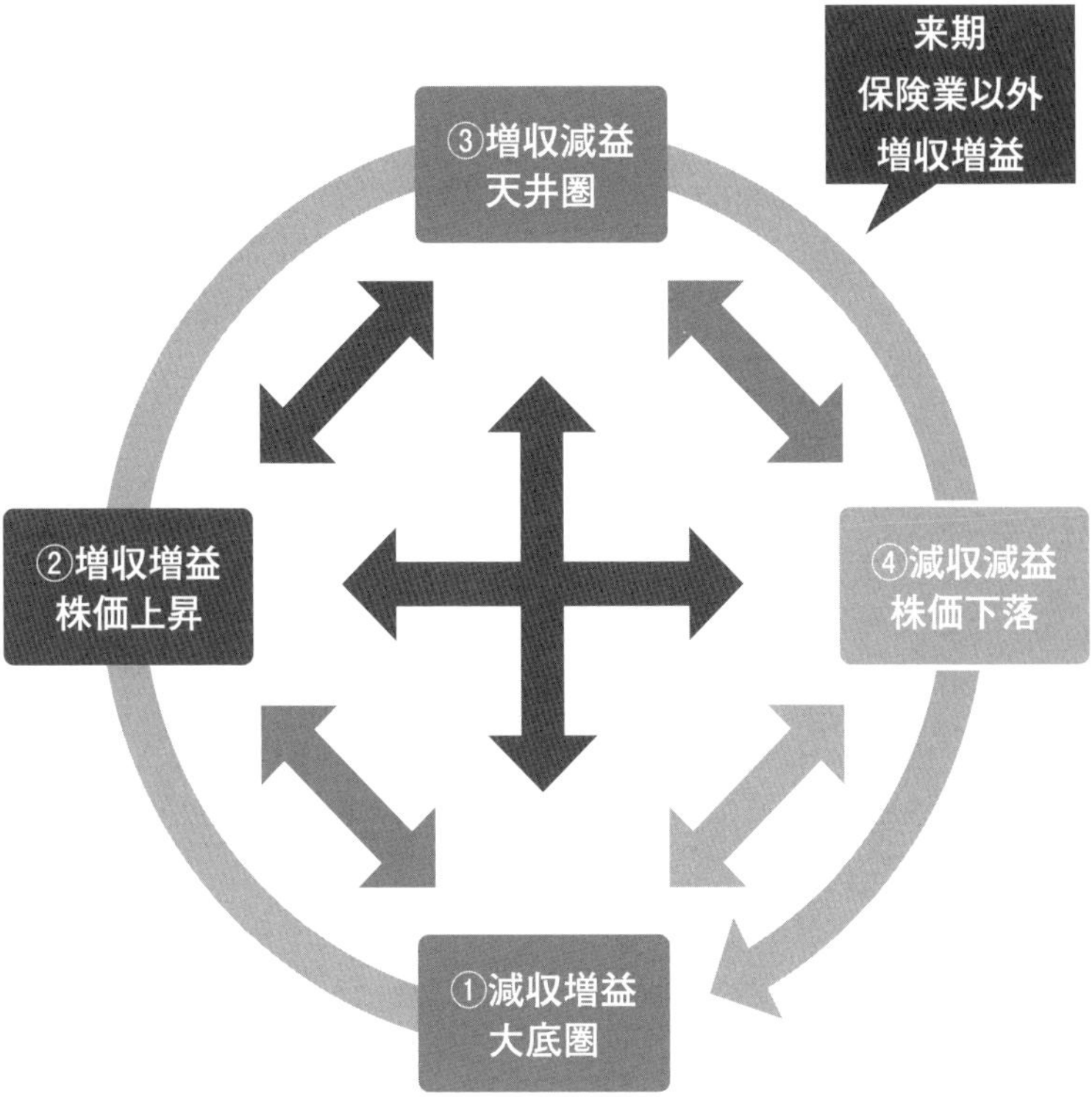

だ。売上高は増加しているものの、それ以上にコストが増加しているから、利益が減少しているわけである。

今期これに該当する業種はない。ただし**来期は保険業**が予想されている。保険業に関しては、２０２１年以降は厳しそうだ。

④減収減益の企業→**売上高・利益ともに減少**し、**「株価下落」**のパターンと言える。**「減収赤字」**についても考え方は同じだが、翌期から「増収増益」なら変化率が大きいため、投資魅力が大きいとされる。

つまり、目先の予想はきわめて悪いけれど、**来期は「V字回復」すると見込まれる**企業ならば、投資する魅力は高いということである。これに該当する業種は**鉄鋼（連続赤字）**、**海運業、空運業**。

結論からと言うと、大型株についてのわれわれの狙い目は、**鉄鋼と石油・石炭業**である。〝地味〟だけれど、この基幹３業種だと考えている。

順張りで買ってよい電気機器、食料品、卸売業、非鉄金属

次に「方向性（＝改善・悪化）」という視点から考察してみよう。

たとえば、今期の増収増益予想の業種は医薬品（前期も増益）と証券業。減収増益は石油・石炭（黒字転換）、情報・通信業、保険業。前期の「増収赤字」から今期「減収黒字転換」する石油・石炭は、前項で述べたとおり株価大底で投資チャンスと思われる。

増益（黒転含む）は5業種ある。減益から増益転換の情報・通信業と保険業については、前者がソフトバンクの営業赤字幅縮小、後者は第一生命の一過性費用の剥落などの特殊要因なので、情報・通信業と保険業は〝無視〟したほうが無難だろう。つまり、ソフトバンクと第一生命が巨大すぎて、大きなデータが狂っている可能性は否定できない。

ただし、「減収赤字縮小」の電気機器、食料品、卸売業、非鉄金属、さらに増益モメンタム加速がついている医薬品は狙い目だ。大底ではないけれど、順張りで買っていけばいいと思う。

来期については、保険業（増収減益）を除く32業種が増収増益に回復を遂げる予想であ

2020年度の業種別・営業増益率の変化

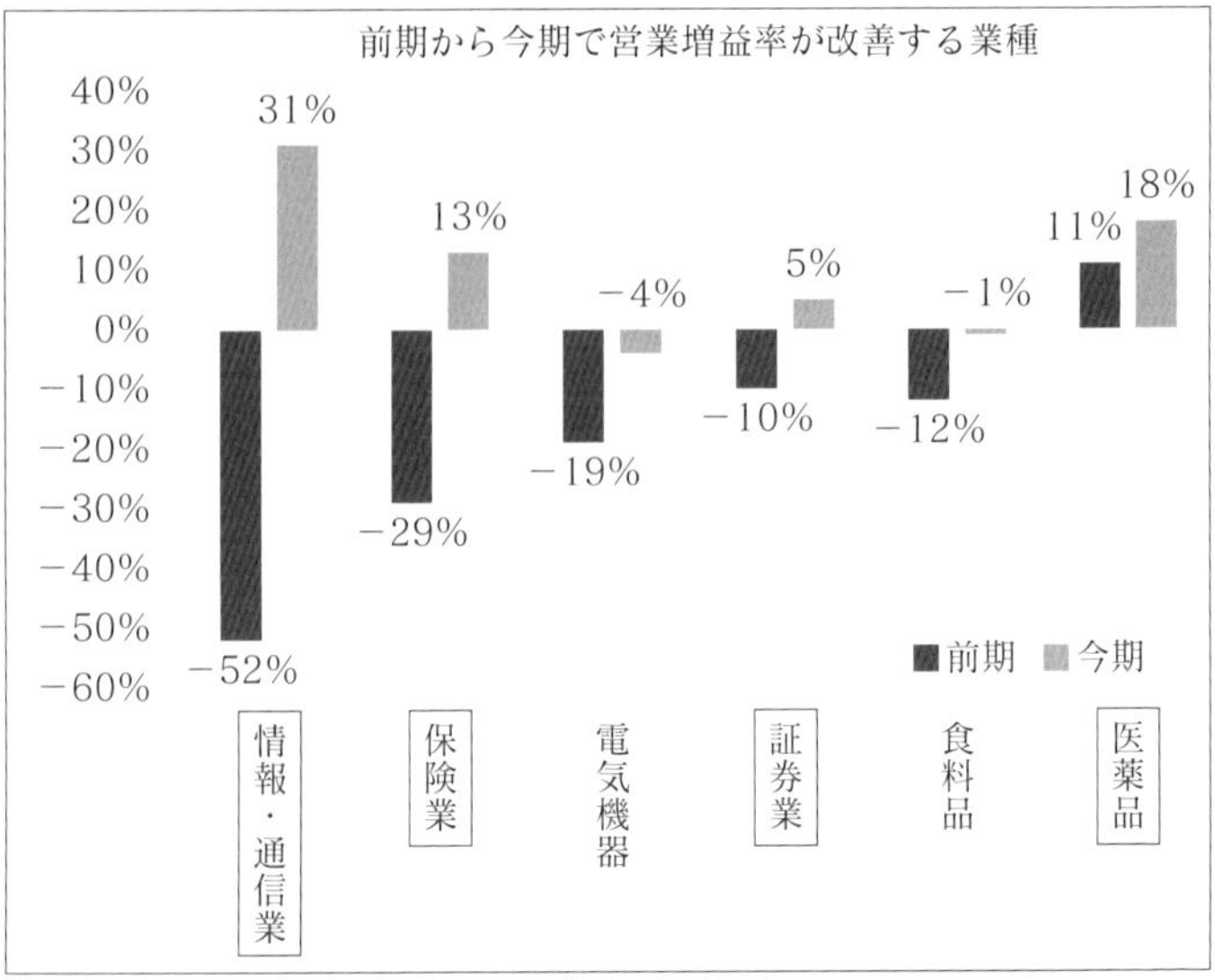

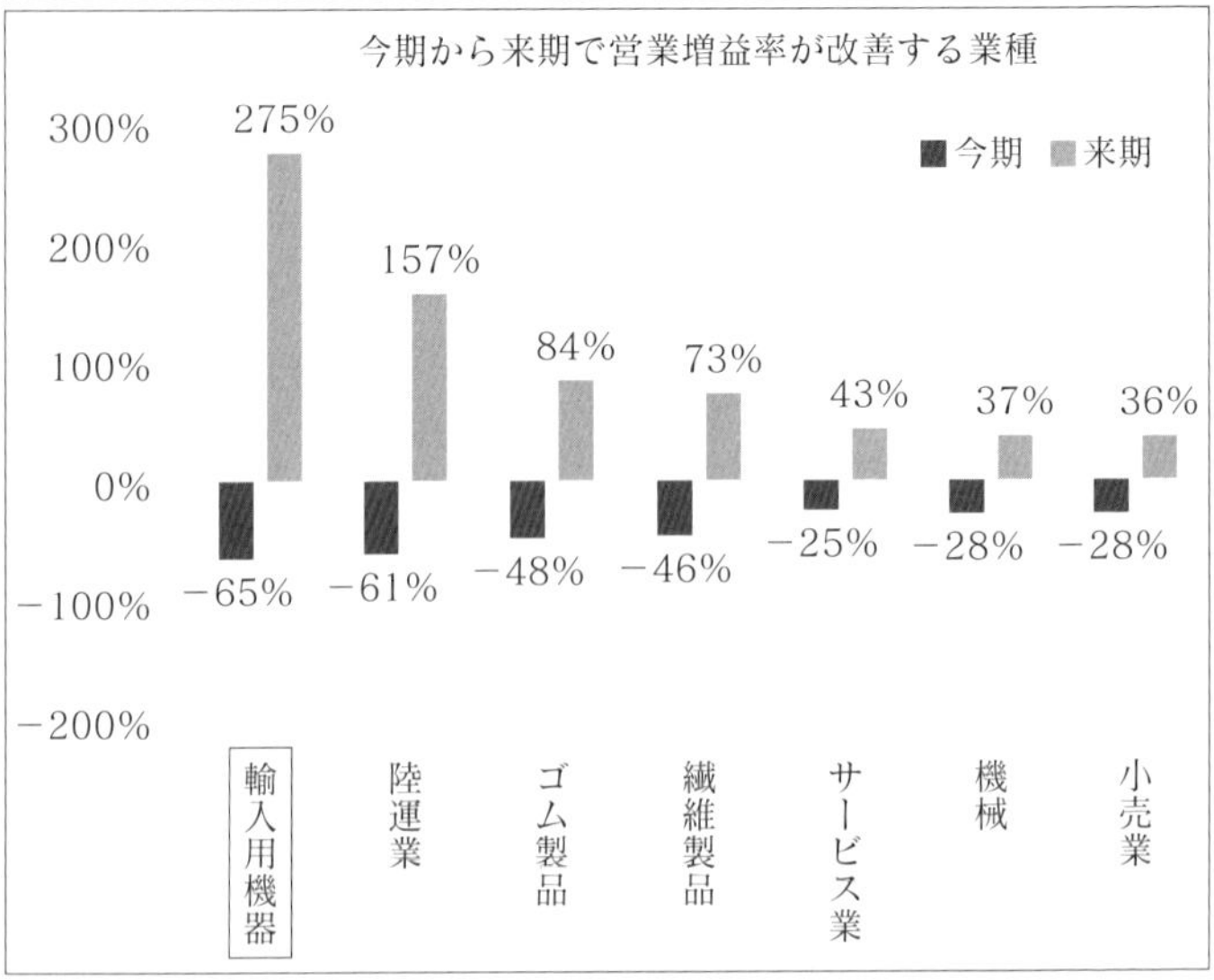

（資料提供／複眼経済塾）

る。今期「減収赤字」の鉄鋼業、海運業、空運業は来期「増収黒字」に転換する予想なので、変化率には大きく注目したい。

来期に向けて主要産業の自動車など「輸送用機器」が急回復し、機械など製造業にも回復が広がるだろう。さらにサービス業、小売業などの非製造業も回復局面入りする模様だ。

先にも述べたとおり、大型株では鉄鋼と石油・石炭は大きく下げてきたので、いまは割安である。ただし単純に順張りで考えても、自動車関連、電気機器、食料品、卸売業は買ってもいい。もう一つ、時間はかかるけれども空運業（いまはかなり割安）も株価を戻すと思う。

キーワードから探る2020年3集『夏号』のテーマ

先にもふれたように、『会社四季報　夏号』では、全上場3778社中2500社以上の銘柄コメント内に「コロナ」のワードが盛り込まれていた。ここまでコロナ一色では「コロナ対応」はテーマにはならず、恩恵を受けたスーパー、ドラッグストア、ホームセンターより「コロナ後」の百貨店、レジャー、外食の回復に注目が集まっている。

ところでコロナ関連ワードにおいて、今回、「巣ごもり」が初登場となった。「テレワーク」の数は3カ月前の『春号』から11倍に、「持ち帰り」と「宅配」はそれぞれ6・3倍と2・3倍に、「遠隔」は2・3倍に、そして「ドライブスルー」が初登場、日本の生活様式の変化を感じないわけにはいかない。

また経済対策の効果として、企業の資金流動性関連ワードが多く、「手元資金」のキーワードは『春号』から43倍に、「融資枠」は40倍に、「流動性」は12倍など、意外に資金繰りは心配ない模様である。ここも大きな着目点だろう。今回、われわれがかなり株買いに強気でいる理由の一つは、上場企業の資金繰りが思ったほど悪化していないことだった。要は、コロナ禍で会社の業績は悪化したが、倒産はさせないぞとする意気込みを感じられるわけである。

「赤字」については登場回数は639で「コロナ」に次いで第2位となっている。先に言及したとおり、見た目がきわめて悪いのだ。だからこそ、「買い」のチャンスだと思う。

先に今期「石油・石炭」は黒字化、「鉄鋼」が連続赤字、「海運」「空運」が赤字化するけれど、来期は「鉄鋼」「海運」「空運」も黒字化すると予想した。ともに今期「減収赤字」

から来期「増収黒転」になることから、投資タイミングとしては良いけれど、本当に株価は上がるのかと疑問を呈している読者もいるだろう。

それを「鉄鋼」の株価を例にこれから検証してみたい。

「営業利益」自体は本業の利益なので、赤字ならば「本業が継続しない」ことを意味する。そのため、「合理化」してコストを下げるか、「多角化・新市場」で別に売上を増やすか、対応は二つに絞られる。

合理化でコストが下がり、のちに売上が回復すると、利益は急拡大する。つまり、コストカットがうまくいったところは、株価も大きく伸びるということである。

営業赤字は滅多に起こらず、コスト削減で利益が回復するか、会社が大きく変われるか、いずれも、会社を見極める重要なタイミングと言える。

これから日本製鉄を例に挙げて検証してみよう。

『会社四季報』のコメントが教えてくれる日本製鉄株・売買のタイミング

実は今回の株式上昇相場のポイントは「鉄」だと私は考えており、なぜ鉄に注目するのかを、日本製鉄を例に挙げ、『会社四季報』のコメントを材料にして検証してみたい。

①1986年4集（9月）

【減配か】条鋼、鋼板とも内需減退。自動車向け筆頭に販価軟化。輸出はドル価格値上げがあるが、依然採算割れ。原料安で補えず実質大幅赤字。資産売却益。減配か。

株価→翌月安値1550円

②1989年2集（3月）

【収益強化】88年度は想定通りに収益急上昇。除却損を計上。89年度も粗鋼生産根強い。輸出値上げプラス。生産集約化、合理化で原料高を吸収。経常最高更新も。

株価→前月高値984円

③2003年2集（3月）

【追い風】銀行株評価損や子会社損失処理など特損1100億円。配当は維持。03年度も生産高水準。自動車鋼板の値上げに続き、家電向け再値上げも。高炉改修による原価高要因をカバーし、収益回復続く。

株価→翌月安値133円

④２００７年３集（６月）
【更新】名古屋の高炉増強で数量増。償却増、評価益剥落だが、価格改善、自動車向けなど高級鋼比重増で吸収。会社営業５８００億円は増額か。前期持ち分化のブラジル・ウジミナスが通期寄与、純益最高更新。

　株価→翌月高値９６４０円

①から④を見て、あなたが日本製鉄株を買うとしたら、どのタイミングで買うだろうか？
プロはみな①と③のタイミングで買う。実際にそれが正しかったのかを検証してみよう。

１９８６年10月に１５５０円の底値をつけた①から経常最高の②にいくと、株価は最高の９８４０円（89年2月）をつけた。つまり、『会社四季報』が最悪のコメントを出したときが「買い」だったわけである。逆に、最高のコメントを出したときは「売り」だった。株価は①→②で６・３倍も上がった。

同様に２００３年４月に１３３０円と前回の底値を下回り大底圏にあった③のときは「買い」で、２００７年４月に９６４０円まで株価を上げ、純益最高更新とコメントされ

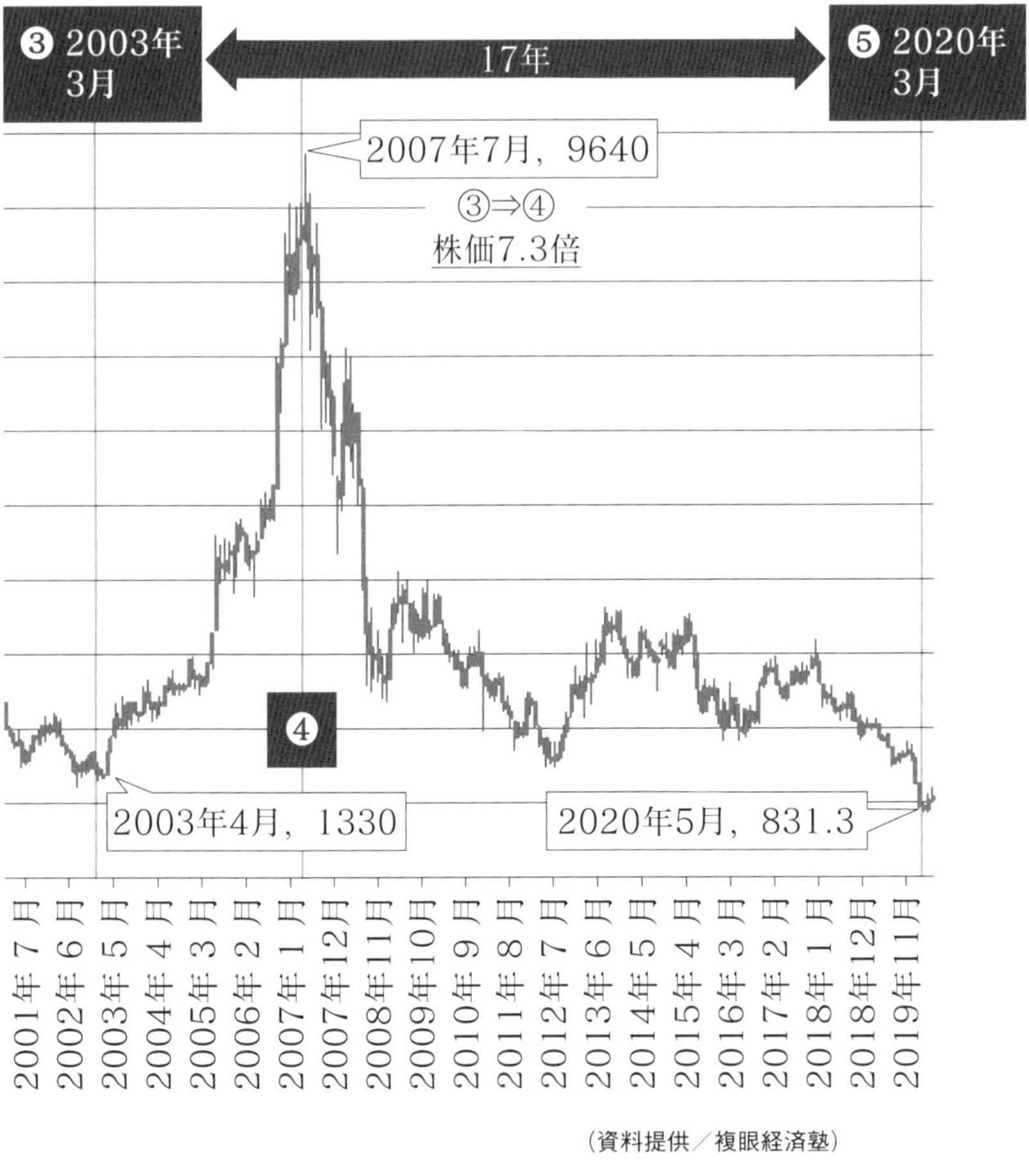

③ 2003年3月
17年
⑤ 2020年3月
2007年7月，9640
③⇒④
株価7.3倍
④
2003年4月，1330
2020年5月，831.3
2001年7月
2002年6月
2003年5月
2004年4月
2005年3月
2006年2月
2007年1月
2007年12月
2008年11月
2009年10月
2010年9月
2011年8月
2012年7月
2013年6月
2014年5月
2015年4月
2016年3月
2017年2月
2018年1月
2018年12月
2019年11月

（資料提供／複眼経済塾）

日本製鉄の月足修正チャート（1985〜2020年）

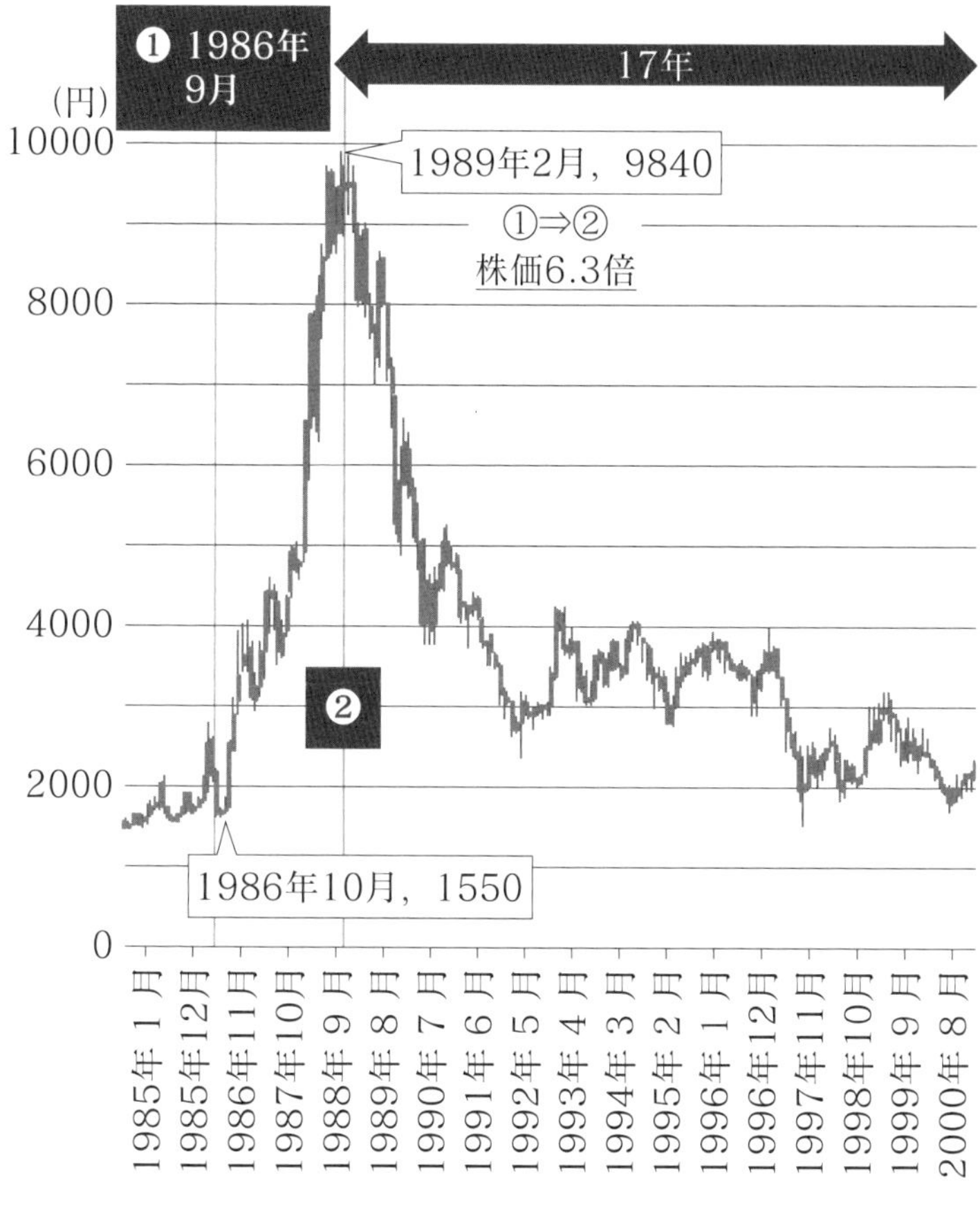

た④のときは「売り」だったのだ。株価は③→④で7・3倍上昇した。

それでは2020年5月現在の日本製鉄株はいくらか？　過去の安値を割って、831円まで大きく下落している。

224～225ページのグラフを見ていただくと一目瞭然なのだが、安値については17年サイクルの循環性があるのがわかる。つまり、日本製鉄のような業績回復株は、「赤字で買って、最高益を出したタイミングで売る」。もしくは「赤字で買って、PER10倍台で売る」のがポイントである。ともあれ、株は赤字で買わないと儲けられない。

巨大企業・日本製鉄が歩んできた道

ここからは日本の近代製鉄の歴史を振り返ってみたい。

明治維新とはある意味、日本版の「産業革命」であり、そこに製鉄は深く関わっていた。

1858（安政4）年12月、盛岡藩士・大島高任《たかとう》は鉄鉱石を産出する釜石で洋式高炉を建設、銑鉄の生産に成功した。後に大島は「日本近代製鉄の父」と呼ばれた。

1880（明治13）年、イギリスの最新技術を導入した官営釜石製鐵所が操業を開始。

目的は船や大砲の建造だった。その後民営化され、釜石鉱山田中製鐵所として継承された。１８９４（明治27）年、釜石鉱山田中製鐵所で夕張炭を原料とした日本初のコークス高炉の操業が始まった。

１９０１（明治34）年、官営八幡製鐵所が操業を開始した。同製鐵所はドイツの最新技術を導入、溶鋼を生産する銑鋼一貫製鉄方式だった。同製鐵所の建設費用には日清戦争における清国からの賠償金が充てられた。

官営八幡製鐵所の発展には目覚ましいものがあった。１９１０（明治43）年には鋼材生産15万トン超を記録し、国内鋼材の90％以上を生産するに至った。１９１４（大正３）年に竣工《しゅんこう》した東京駅に使用された鉄骨の半分以上、１９３６（昭和11）年に竣工した国会議事堂の全鋼材が八幡製鐵所で生産され、時は前後するが１９３０（昭和５）年には鉄道レール１００％国産化を達成した。

１９３４（昭和９）年、日本製鐵（日鉄）が発足。１９３６（昭和11）年６月号の『会社四季報』は以下のコメントを記していた。「当社は八幡製鐵所を中心に民間６鉄鋼会社を合併成立された会社で、我国銑鉄生産高の全部、鋼材生産高の５割を独占している」

太平洋戦争敗戦後の１９５０（昭和25）年、ＧＨＱによる財閥解体の一環として、日本製鐵が解体され、八幡製鐵、富士製鐵、日鐵汽船、播磨《はりま》耐火煉瓦の4社が設立された。そして1970（昭和45）年に八幡製鐵と富士製鐵が合併し、新日本製鐵が誕生した。1970年2集の『会社四季報』は、「日本一の巨大企業、粗鋼生産は世界一へ／粗鋼生産3000トン超え」と記している。

2012（平成24）年には、その新日鐵と住友金属工業が合併し、新日鐵住金が生まれた。それから7年後の2019（平成31）年4月、同社は日本製鉄に商号変更し、ついに69年ぶりに日本製鉄の復活となった。

私の史観からすると、これは大仰でなく、この69年を経てようやく日本の戦後処理が終わったことを意味するのだと思えてならない。言葉を換えれば、日本製鉄に代表される日本の敗戦処理が終わり、元の日本に戻ったのだ。

そもそも日本製鐵という巨大企業が解体されたのは、日本が戦争に敗れたからだった。2019年に日本製鉄が復活したことはすなわち、日本が敗戦を引きずっていた時代が終わりを告げたことを示している。なぜか？　これからの中国との戦いにおいて、アメリカはもはや日本を敵と見なさず、真の同盟国として扱うのだと思うからだ。

つまり、日本製鉄が辿ってきた道にはすべて、日本の歴史が現れているわけである。「鉄は国家なり」と言われるのも、日本製鉄の道程を見ると納得がいく。

日本製鉄のサイクルから予測できる2025年の日経平均5万円超え

それでは日経平均株価と日本製鉄の業績はどう連動しているのか？　実は見事に連動している。

①１９８６年９月に同社は経常赤字に転落。同年10月、日経平均１万５８２０円。89年に経常最高更新となったところでは、日経平均も同じく天井を打って89年12月、３万８９１５円となった。この間３年２カ月かけて、日経平均は２・５倍となった。

②２００３年３月に同社は最終赤字。日経平均は翌４月に７６０８円。ここで日経平均は底を打って上昇に転じ、２００７年７月には１万８２６２円まで戻した。これがリーマンショック前の高値。ここでは４年３カ月かけて２・４倍だった。

③リーマンショック後に最終赤字を出した２０１３年３月。その４カ月前２０１２年12月の日経平均は９４３２円で、ちょうど第二次安倍政権が誕生した頃だ。ここからアベノミクス相場が始まって、２０１８年10月には日経平均は２万４２７１円をつけた。この間５

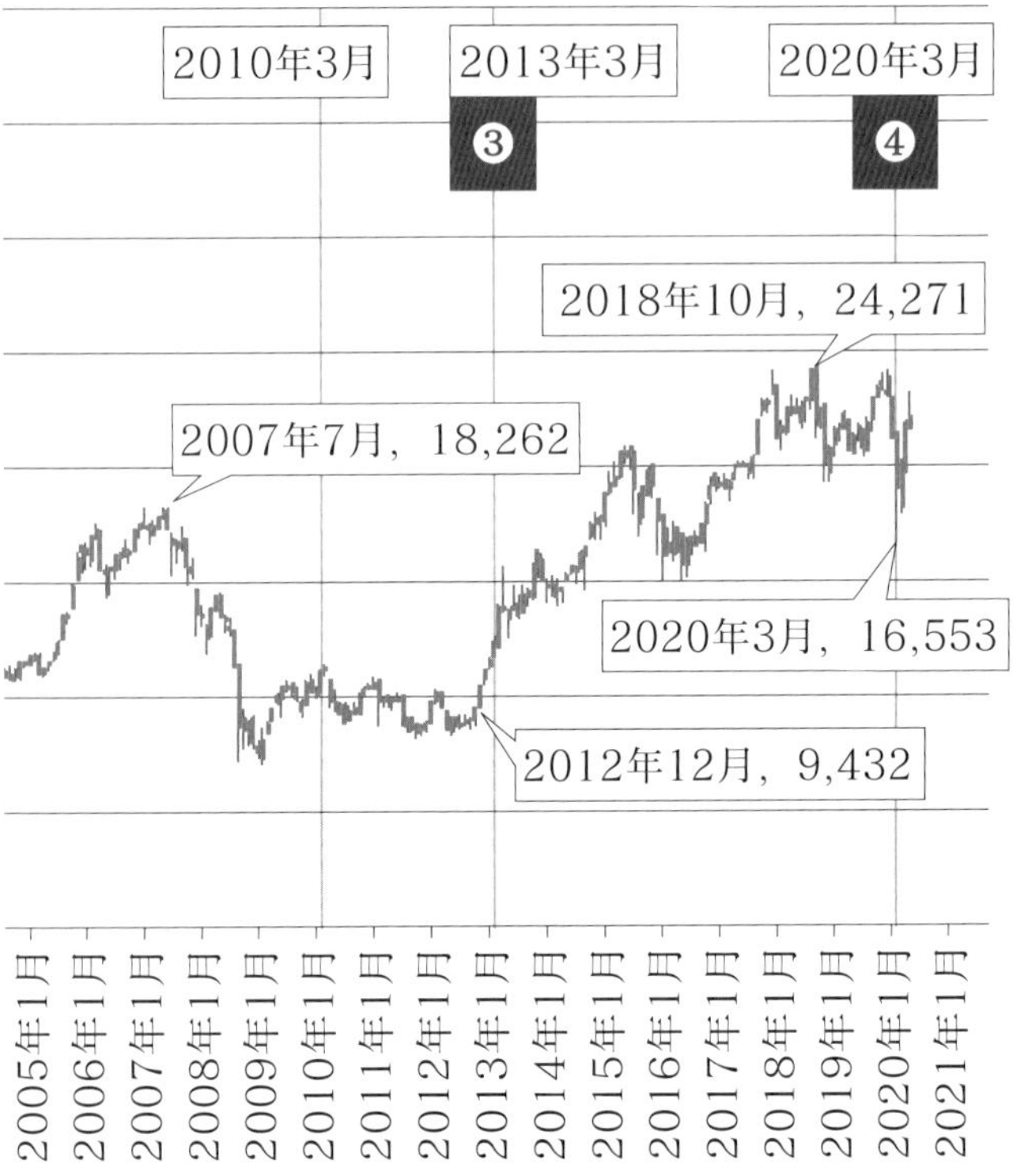

④コロナ相場？ 経済対策と金融緩和が後押し

（資料提供／複眼経済塾）

日経平均チャートと日本製鉄赤字転落のタイミング

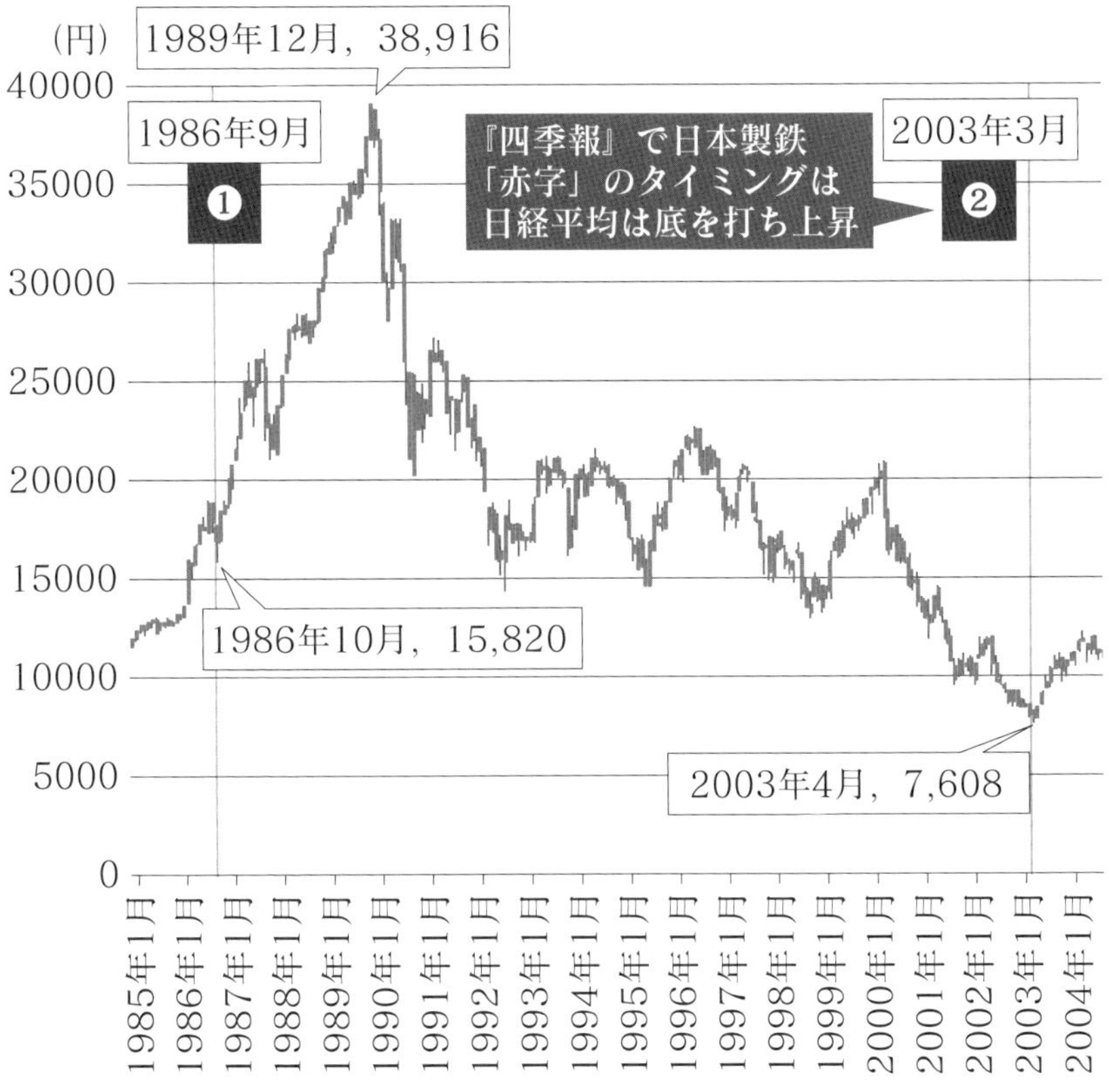

①バブル相場、②金融危機～小泉相場、③アベノミクス相場、

年10カ月で2・6倍の上昇をみた。
④そして2020年3月、同社は営業赤字を出した。このときの日経平均は1万6553円の安値だった。
ここから過去の3サイクルの日経平均の平均上昇率と平均期間を計算すると、平均2・5倍、約4年5カ月という数字が導き出せる。日経平均の1万6553円を単純に2・5倍にすると4万1400円。その時期は4年5カ月後の2024年8月となる。

日本製鉄のサイクルから見ると、このような予測ができるわけだ。

日本製鉄に見られるように、ようやく日本の戦後処理が終わり、日本が本来の姿を取り戻す〝季節〟がやってきた。しかも、日本製鉄株は底値から反転しかかったばかりで、こんな絶好のタイミングは滅多にないのではないか。

私自身は、今回は日本株に特殊要因が働くはずだから、2025年までには日経平均は4万1000円台でなく、5万円に到達すると見ている。

これまで以上に、日銀や年金が日本株を買っていることから、日経平均はもっと上がるはずで、私は2025年までに日経平均5万円は軽々とクリアできると思っている。まずはそこ。そして長期的に、令和時代が終わるまでには日経平均は30万円に到達するだろうと予測している。

とりあえず、目先２０２５年の大阪万博までには５万円達成と申し上げておきたい。

これから投資したいのは、ニューノーマル時代の「逆張り」株と「順張り」株

日本株について私がかなり強気であることを、これまでも申し上げてきた。

ここからはみなさんが主体的に日本株に投資するとき、どのような視点で銘柄を選ぶべきかを伝えようと思う。現在の日本社会が直面する環境をふまえて銘柄選びをするとき、基本的に二つの考え方がある。

一つは**「逆張り」**。**いまは割安でこれから株価上昇に転じていく企業を買うという選択**だ。もう一つが**「順張り」**。**コロナ禍のなか、生活様式の変化にうまく対応し、株価もそれなりに上がっている企業**である。

まずは**「逆張り」**のほうから解説しよう。

今期は赤字転落したものの、来期に向け黒字転換する業績回復株。ただし、いくつかのわれわれが定めた条件をクリアする必要があるので、以下に列挙してみたい。

①**景気敏感株**。つまり循環性を持っており、景気に反応して大きく株価を上げそうな銘柄であること。

②**自己資本が100億円以上**あること。

③**自己資本比率が20％以上**あること。

④**今期の営業利益が赤字**、かつ**来期は黒字転換が見込める**こと。

⑤**PBRが0・7倍未満**であること。

以上の5条件を満たしている株は確実に**「割安株」**である。

PBRとは企業の「資産」から見て、いまの株価が割安かどうかを測る指標で、計算式は**「株価÷一株純資産」**となる。PBRが低いほど株価が割安であることを示す。仮に企業が解散した場合に株主に配分される資産にもなるため**「解散価値」**とも呼ばれる。

今年の秋以降から来年にかけて、新型コロナウイルスのワクチンが実用化され、世の中が平時に戻りつつあるならば、こうした企業の株価が上がるだろうということだ。

なお、236〜237ページの銘柄リストはPBRの低い順であることをお断りしておく。

逆張りの反対の**「順張り」**にあたるのは、コロナ後の新しい波に乗り、足元が好調な**「テーマ成長株」**である。

テレワーク（在宅勤務）、**オンライン**、**リモート**などのキーワードを含み、**「新常態《ニューノーマル》」**への変化に対応することで、その恩恵をフルに受ける企業と言える。しかし、これらはすでに「期待」を織り込んで、株価はかなり「割高」な水準にあるものもある。ただ、割高だといって上がらないとは限らない。これがいわゆる順張りの考え方と言えるだろう。

順張り株の典型は**NASDAQのアップル**。10年前から常に割高と言われていたが、ずっと上がり続けている。

日本の「順張り」銘柄に話を戻すと、これらのほとんどはまだ小さな企業で、伸びしろが大きい成長株が勢揃いしている。

考えてみれば、実に興味深い現象ではないだろうか。**新興市場の銘柄が**コロナ禍で世の中ががらりと変わったことにより、**順張り銘柄に浮上**してきたのだから。逆に、従来型の企業は、景気が循環するまで低迷する運命にある。だが、景気が戻る局面において復活す

③自己資本比率20%以上、

※リストはPBRの低い順

自己資本（百万円）	自己資本比率	今期営業利益	来期営業利益
53,187	49.2%	−1,300	500
20,276	31.9%	−50	400
20,502	33.2%	−500	1,200
656,881	27.2%	−13,000	30,000
62,405	58.7%	−1,500	1,500
21,202	44.9%	−1,500	500
14,919	84.4%	−250	200
57,946	37.3%	−1,000	6,300
1,627,026	35.0%	−40,000	80,000
178,363	54.4%	−7,800	1,200
11,600	32.9%	−3,100	90
13,260	67.9%	−300	450
10,141	82.6%	−250	250
55,988	37.2%	−5,000	3,500
41,924	61.0%	−200	1,000
1,174,947	42.1%	−60,000	30,500
20,386	75.9%	−200	100
85,448	52.7%	−7,000	3,000
25,260	44.8%	−500	1,600
21,069	70.9%	−800	300
4,064,289	23.9%	−200,000	85,000
168,601	56.8%	−1,100	13,700
59,609	42.7%	−500	3,100
513,334	24.5%	−10,000	15,000
94,255	60.2%	−1,300	2,000
18,092	64.3%	−370	1,200
33,812	30.6%	−2,500	2,000
107,912	82.6%	−6,000	0
22,551	70.3%	−250	100
772,663	39.9%	−60,000	18,000
13,256	57.7%	−300	50
30,304	81.7%	−1,000	0
41,006	74.4%	−1,000	800

（資料提供／複眼経済塾）

「逆張り」投資に期待の銘板

■今期「赤字（転落）」企業で来期に向けて黒字転換する「業績回復株」
【条件】①景気敏感株（循環性がある）、②自己資本100億円以上、
④今期営業利益「赤字」かつ来期「黒字転換」、⑤PBR0.7倍未満

	コード	正式社名	2020年 6/26終値	実績PBR	時価総額 （百万円）
1	5210	日本山村硝子	857	0.16	9,551
2	7214	GMB	686	0.18	3,590
3	5491	日本金属	609	0.20	4,080
4	5406	神戸製鋼所	377	0.21	137,365
5	6470	大豊工業	553	0.26	16,132
6	5476	日本高周波鋼業	375	0.26	5,508
7	7841	遠藤製作所	461	0.27	4,353
8	5989	エイチワン	566	0.27	16,070
9	5411	ジェイ　エフ　イーHDS	784	0.28	481,720
10	5481	山陽特殊製鋼	919	0.28	50,092
11	6205	OKK	418	0.28	3,405
12	7768	ジェコー	2706	0.29	4,535
13	6943	NKKスイッチズ	3590	0.29	3,025
14	7256	河西工業	461	0.32	18,215
15	7822	永大産業	319	0.34	14,924
16	7261	マツダ	636	0.34	401,827
17	7999	MUTOH HDS	1550	0.35	7,835
18	7239	タチエス	877	0.35	30,908
19	3434	アルファ	943	0.36	9,619
20	6262	ペガサスミシン製造	328	0.39	8,144
21	7201	日産自動車	408,6	0.39	1,724,584
22	7287	日本精機	1224	0.42	74,551
23	7294	ヨロズ	1080	0.43	27,060
24	9104	商船三井	1913	0.45	230,763
25	6339	新東工業	802	0.45	43,774
26	6210	東洋機械金属	422	0.48	8,737
27	6440	JUKI	557	0.48	16,640
28	6222	島精機製作所	1536	0.49	54,989
29	9995	グローセル	462	0.49	12,209
30	7211	三菱自動車	277	0.53	412,808
31	5986	モリテック スチール	326	0.55	7,354
32	6418	日本金銭機械	599	0.59	17,768
33	5218	オハラ	1155	0.69	29,395

※本書の資料・データに関しては、投資判断の参考となる情報の提供を目的としたもので、特定の銘柄の投資勧誘を目的として作成したものではありません。銘柄の選択、投資の最終決定は、ご自身の判断と責任で行ってください。

今期売上高（増収率）	今期営業利益（増益率）	営業利益率	2020年3集『夏号』コメントと渡辺清二の注目ポイント
7,500 （33.0%）	3,550 （52.5%）	47.3%	【躍進】リモートワークの普及も追い風。【GIGAスクール】政府による学校へのIT端末普及政策に乗り、シェア60%のフィルタリングソフト市場深耕へ
1,700 （25.6%）	10 （黒字転換）	0.6%	サイバー防衛施設が5月末再開。リモート訓練始め、定額制のセキュリティ動画提供も大口受注
14,000 （13.7%）	1,550 （13.7%）	11.1%	【在宅支援】テレワークのクラウドサービス提供開始。導入を簡易化しリモート会議などにも対応
7,800 （15.9%）	1,120 （337.5%）	14.4%	【医療分野】オンライン診療でのプラットフォームのOEM提供を開始。短期間導入や豊富な機能を武器に市場深耕
35,500 （10.5%）	10,300 （24.1%）	29.0%	【開拓】医療、教育系などオンライン移行進む企業の決済需要開拓。リアル店舗系顧客にはECやデリバリーの開始を支援
4,800 （19.2%）	900 （11.2%）	18.8%	個人向け健康情報記録サービス「カルテコ」を軸にデータ共有推進、医師バンクサービス開始などオンライン診療支援。新型コロナ情報サービスも開始へ
1,800 （19.4%）	140 （52.2%）	7.8%	【オンライン化】市場成長に伴い認証サービスの問い合わせ急増。プラップジャパンとの合弁始動、情報システムのクラウド化案件受託
10,700 （15.1%）	520 （−28.3%）	4.9%	【テレワーク需要】米国製クラウド電話システム活用した在宅コールセンター構築案件が活発
12,000 （70.1%）	3,000 （177.5%）	25.0%	デジタル人材育成は集合研修からオンライン型に移行し好調継続。【チャット】自治体用情報共有ツールは実用性訴求奏功、導入自治体300超と急増
1,680 （26.0%）	650 （22.9%）	38.7%	【カンニング】受験者のPC等カメラ映像をAIで分析、不正行為を検知するオンライン試験用システム開発
1.400 （22.7%）	150 （134.4%）	10.7%	【復調】新型コロナによる休校で小学校の1人1台パソコン配備が加速、オンライン学習教材の導入校数が伸長
2,520 （38.5%）	260 （7.0%）	10.3%	【テレワーク】新型コロナ影響で顧客の在宅勤務移行により、導入サポートもリモート対応が増加。自社品のテレワーク向けサービス訴求
4,600 （19,3%）	200 （−15.3%）	4.3%	【特　需】新型コロナ感染拡大受け、HP経由のテレワーク環境構築引き合い活発化。Javaリモート研修サービス開始
8,000 （17.5%）	420 （0.7%）	5.3%	【テレワーク】自宅から会社PCにアクセスできるAWS遠隔デスクトップサービスが引き合い急増。コールセンター業務在宅化クラウドシステムも案件増加中
13,200 （29,3%）	590 （黒字転換）	4.5%	【テレワーク需要】法人向けオンライン名刺交換機能を開始。導入企業の約半数が利用意向
2,300 （29.4%）	240 （55.8%）	10.4%	【提携】仮想デスクトップのアセンテックと業務提携、地元企業に同社製品の販売と保守進める
2,700 （48,8%）	280 （263.6%）	10.4%	【波に乗る】新型コロナ禍でのテレワーク需要が追い風、ビジネスチャット好調。【テレワーク】有料版無償提供もあり4月の登録ID純増数は1月比で2倍以上
4,200 （22.6%）	320 （71.1%）	7.6%	【テレワーク】在宅勤務拡大に伴うSaaS利用増が「HENNGE One」に追い風。RPAソフトも連携し拡販
6,200 （61.1%）	100 （黒字転換）	1.6%	【対応】オンラインセミナーや集客支援、売上入金日早めるサービスの無償化などショップ向けコロナ対策支援続々
2,600 （93.5%）	500 （303.2%）	19.2%	【絶好調】マクアケの新商品掲載数伸長、新型コロナ影響受けるリアル店販売の代替需要取り込み想定超。PR支援も上々
6,750 （41.7%）	480 （213.7%）	7.1%	【オンライン診療】4月の新規医療機関数は2月比10倍以上に急増。薬局向けオンライン服薬指導システAは9月提供開始
2,100 （17.1%）	400 （29.0%）	19.0%	【新常態に対応】ブロックチェーン技術を活用し、オンライン上で議決権行使や質疑応答が可能な株主総会運営サービス開始
15,400 （14.8%）	1,900 （9.7%）	12.3%	テレワークや働き方改革が追い風、業務アプリ開発ツール「キントーン」順調増。【行政需要】厚労省や神奈川県、大阪府などで「キントーン」を活用
5,300 （28.3%）	530 （35.2%）	10.0%	電子契約サービスは新型コロナの影響で急拡大
5,000 （16.7%）	870 （16.3%）	17.4%	【新型コロナ】社員の健康への関心高まり健康管理サービスへの問い合わせが増加。メタボ指導のオンライン化で面談率向上
5,200 （70.8%）	820 （47.0%）	15.8%	【ヘルスケア】オンライン医療相談が経産省の相談窓口に採択。提携先の日医工と合弁設立、クリニック支援サービス提供へ
24,700 （14.8%）	1,720 （15.3%）	7.0%	【連続最高益】柱のCSセットは新型コロナ禍で危機管理意識高まり需要増。導入施設数、利用率とも好調な伸び
11,300 （21.0%）	600 （13.9%）	5.3%	【クラウド】顧客のテレリーク導入も追い風で、クラウド事業担当は60人に倍増。高スキル人材管理は大手企業中心に顧客着実増
3,000 （20.0%）	180 （38.5%）	6.0%	【誹謗中傷対策】弁護士と連携し、個人向けにネット上の誹謗中傷対策サービスを5月提供開始。当面は成長重視で無配方針
7.400 （35.9%）	1,250 （33.5%）	16.9%	【深掘り】在宅勤務需要の深耕狙い、マンション向けに大容量回線とセキュリティ対策兼備のWi-Fi提供6月開始

（資料提供／複眼経済塾）

「順張り」投資に注目の銘板

	コード	銘柄名	2020年 6/26終値	時価総額 (億円)	今期 PER	実績 PER	自己資 本比率
1	2326	デジタルアーツ	9,100	1,286	52.1	14.7	79.7%
2	2467	バルクホールディングス	222	23	NR	10.6	20.6%
3	3677	システム情報	1,608	381	35.8	10.9	66.3%
4	3694	オプティム	3,445	1,899	246.1	62.4	64.5%
5	3769	GMOペイメントゲートウェイ	12,020	8,931	142.6	32.3	17.2%
6	3902	メディカル・データ・ビジョン	1,287	515	84.7	14.3	80.0%
7	3909	ショーケース	744	50	63.1	5.3	48.1%
8	3915	テラスカイ	2,925	369	16.8	4.1	58.5%
9	3962	チェンジ	7,710	1,216	101.3	18.1	49.8%
10	3984	ユーザーローカル	3,575	280	67.6	7.2	91.6%
11	3998	すららネット	16,200	205	186.6	21.6	85.1%
12	4397	チームスピリット	2,774	449	374.9	36.0	50.5%
13	4421	ディ・アイ・システム	1,890	29	20.6	3.2	49.7%
14	4434	サーバーワークス	20,900	716	230.9	23.3	67.8%
15	4443	Sansan	4,245	1,322	1326.6	13.1	47.6%
16	4447	ピー・ビーシステムズ	3,530	98	51.7	18.7	46.9%
17	4448	Chatwork	1,710	626	240.8	39.9	75.4%
18	4475	HENNGE	5,040	798	438.3	74.2	36.6%
19	4477	BASE	4,765	974	1083.0	31.1	35.4%
20	4479	マクアケ	6,360	732	209.2	30.2	59.5%
21	4480	メドレー	4,080	1,152	268.4	36.6	62.4%
22	4482	ウィルズ	3,870	178	65.9	25.3	57.0%
23	4776	サイボウズ	3,460	1,825	139.5	39.8	45.0%
24	6027	弁護士ドットコム	10,690	2,380	698.7	111.7	84.5%
25	6078	バリューHR	1,445	176	35.9	6.7	20.5%
26	6095	メドピア	2,975	619	119.0	13.0	77.3%
27	6099	エラン	1,906	578	50.7	11.4	57.1%
28	6533	Orchestra Holdings	1,621	148	40.1	10.4	35.6%
29	7093	アディッシュ	3,220	56	55.4	10.0	50.2%
30	9450	ファイバーゲート	1,485	302	40.0	11.3	37.9%

る可能性が高いのはこちらのほうなのだ。

10年後、20年後に化ける「宝株」を探し出すというスタンス

しかしながら、同じ循環性を持つ景気敏感銘柄のなかでも、半導体サイクルに合わせて株価が動く銘柄は特殊な循環性を備えている企業。半導体製造装置メーカーの東京エレクトロンはその代表である。ただ東京エレクトロンを個別で見ると、そもそもの一株当たりの株価が高すぎて、個人投資家が買うようなレベルではない。

われわれがみなさんに紹介している銘柄は、個人投資家にも買えて、ある程度のリバウンドが期待できるところを意識して選んでいることを申し上げておきたい。

また、東京エレクトロン、ファーストリテイリング、キーエンス、ファナックなど大企業の情報は世の中にあふれかえっている。極論を言えば、こうした大企業の情報については『会社四季報』を読む必要はない。詳細を知りたければ、大企業については大手証券会社が漏れなくリサーチレポートを出しているから、それを個別に取り寄せればいい。

ところが、われわれが注目する小さな新興企業は、基本的に『会社四季報』を読まなけ

ればわからない。

われわれが理想としているのは、これからソフトバンクやファーストリテイリングの株がどれくらい上がるかというたぐいの話ではない。10年後、20年後にいまのソフトバンクやファーストリテイリングになりそうな企業はどれなのか、それをわれわれの眼力で探し出すことなのだから。

いま新興市場にいる企業のなかに必ず、10年後、20年後に化けるところが出てくる。なぜなら、いまでこそ名にし負う大企業も、10年前、20年前にはちっぽけな企業であった例は枚挙にいとまがないからだ。

私はそういう企業を見つける、探し出すのが正しい投資スタンスだと思っている。大化けするような「宝株」を見つけて長期保有し、自分がリタイアする頃には数億円レベルに保有株の価値が上がっている。これが本来の投資のあり方であり、醍醐味《だいごみ》というものではないだろうか。

ちょこまかと売ったり買ったりでうまくいく人もなかにはいるが、そちらで成功するほうがよほど難しいのではないか。

人は利益が出るとうずうずして、すぐに利食い売りをしたがる。ところが、逆に損失が出ると、そのまま寝かしておきがちだ。これは基本的に良くない投資のやり方だ。損の出た株式は早く売って損額を確定し、利益が出ていればその株はしばらくそのまま放っておくべきである。また、利益が何十%乗ったら売るというような考えも捨てるべきであろう。

われわれがその株を売る基準とは、当初その銘柄に対して構築したストーリーが健在であるかどうか、その一点に尽きる。ストーリーどおりにその企業が成長しているのであれば、慌てて売る必要はまったくない。

反対に描いていたストーリーが崩れたのであれば、即刻、売ったほうがいい。成長ストーリーの背景が怪しくなったと感じるのなら、その会社を見切るのが正解である。

よくいただく質問に、「悪い決算が発表されたとたんに売りを浴びせられ、株価が暴落した新興企業があるが、この状況をどう捉えたらいいのか?」というものがある。

決算につきものなのが「決算プレー」である。投資家が決算前に上がると思ってその株を買ったけれど、思うように上がらなかったので、決算後に一気に売ったような形だ。決算後には特に中小型株の場合、決まりごとのように株価がよく動くものだ。長期のまなざしを持つ投資家は決算ごとに一喜一憂する必要はない。

歴史は韻を踏む、バブルに注意！

最後に申し上げておきたいのは、「順張り企業」の株価の先行きを左右するのは新型コロナの状況次第ということである。

新型コロナ禍がいまよりひどくなれば、リストに挙げた企業の株価はまだまだ安いと評価されるだろうし、新型コロナ禍が落ち着きそうな模様だと、いま下落している機械や自動車関連株は、俄然《がぜん》買われやすくなるはずだ。

そこは先にも記したように、この秋以降の景気は、新型コロナのワクチンの実用化が本当に確定するのか否か、コロナ第２波の拡大状況の推移にも左右されるので、何とも読みづらい。

けれども、「順張り」と「逆張り」の考え方については、しっかりと頭に入れておいてほしい。

それと老婆心ながら申し上げておきたいことがある。先に「期待」を織り込んで、株価がかなり「割高」な水準にある銘柄が存在すると申し上げた。とりわけ「リモート」関連は2000年の「ドットコムバブル（ITバブル）」の様相を呈していることから、投資される方は銘柄をよく見極めてほしい。なぜなら、当時「ドットコム」と付いた企業は軒並み急騰したが、その後多くは消えていった。バブルは必ずはじける。歴史は往々にして韻を踏むのである。

投資とはモノの本源的な価値を見いだすこと

以下は、私の投資に対する哲学でもある。

投資とは宝くじを買うことではない。当たったら、もう一生働かなくてもいいといったイメージをメディアが煽《あお》っているのは嘆かわしい。たとえば、デイトレーディングで一攫《いっかく》千金とか。

われわれが塾生に教えているのは、一攫千金を狙うことではなく、人生のバッファーになるような、もしくはライフクオリティを高めるような投資をすることだ。

あなたが会社を辞めて一生楽をして暮らせるようなお金の稼ぎ方を、私は教えるつもりはない。そういう宝くじが当たったような人は、たまたまそうなっただけだ。

たとえば、あなたが会社の上司と喧嘩をしたとしよう。この会社の仕事は嫌いだと思ったときに、さっとその会社を辞めて別の会社に行けるくらいの余裕が人生にほしいではないか。もちろん、必ずしもその会社を辞めなくたっていいのだけれど。

そのくらいのお金は、投資を正しく行えばできると、私は思っている。

昔の人たちは恵まれていた。金利が5％以上あった時代に1000万円預金すれば、30年後に老後を迎えたときには金利が膨らんで4000万円になった。いまは当然ながら、そんなご時世ではない。

そうであれば、少なくとも年間5〜10％くらい持ち金を増やすような運用をしていかないと、安心して老後を迎えられない。そのためには、なるべくリスクを取らずに日本株の上昇に乗っていけるような投資が望ましいし、それは十分可能だと私は考えている。

日本人の大半はバブル崩壊後の崖を経験しているから悲観的になるが、戦後（1949〜2019年）の日本株の騰落を計算すると、年間平均で9％の上昇をみている。

私は拙著『それでも強い日本経済！』（ビジネス社）で「株式市場とは1000円入れたら1100円が返ってくるATMのようなものなのだ」と書いた。ただし、変なことさえしなければだが。ということは、10年やれば楽々2倍以上になるわけである。

私自身、調整から上げサイクルの時代に戻ったので、大きなリスクを取ることがなく年間10％は取れると確信している。みなさんが自分の人生を豊かにするためには、お金に働いてもらうことをまず覚えよう。それによって人生にバッファーをつくることで、心に余裕が生まれる。人間は心に余裕が生まれると、いま我慢できないようなものも我慢できるようになるし、これまで嫌だった仕事も嫌でなくなるかもしれない。

不思議なもので、こんな仕事なんかいつでも辞められると思うと、意外に続くものなのだ。「辞める、辞める」といつも騒いでいる人にかぎって辞めない。私も以前の会社でそうだった。入社して半年後に辞めようと思ったのに、結局、9年近くも在籍してしまった。自分はいつでも辞められる、辞めたら何か別のことをやればいいだけの話だと思い始めたら、意外と我慢ができたわけである。

1年で100万円を3億円に変えられる投資の仕方については、私は教えられないし、そういう投資の仕方はあり得ない。なおかつ、トレーディング（投機）とはきわめて難しいもので、芸術に近いセンスを求められる。専門知識だけでは何ともならない。つまり、トレーディングは感覚がものを言う世界なのだ。

世の中に出回っている投資本のほとんどは、投機を対象としているもので、正確には投資本とは言えない。デイトレードも投機の一つで、成功するのはきわめて難しいし、教えられるような性格のものではない。

けれども、本当の投資は科学のようなものだから学べる。投資にはＡＢＣがあり、しかもシンプルだから教わることができる。

先にふれたように、時価総額が手持ちキャッシュより低い会社があるなど、本来あり得ない話なのだ。そんな超割安の株がなぜ放置されているのか。確実にわかっているのは、**いずれ適正価格まで戻る**ということである。

投資の科学とは、これだけのことだ。チャートがどうのこうのではなく、実にシンプルなものだと考えてもらえればいい。つまりモノの〝本源的な〟価値を見いだすことにほかならない。新車のベンツが軽自動車と同じ値段で売られたら速攻で購入すべきである。現実にあり得ないような話だが、株式市場ではたびたび起きる話なのである。

書店で投資の本をパラパラめくってみると、ほとんどが「自分は何億円儲かりました」というものばかり。そういう人が10年後もマーケットにいるのかといえば、生き延びた人を見たことがない。ほとんどの人は1冊だけ本を書いて、投機の世界から姿を消している。だから、彼らが行ったのは投資ではなく、投機（トレーディング）でたまたま運が良かったにすぎない。

たとえばビットコインの〝億り人〟になれた人たちも同じで、たまたま初期の暴騰に乗っただけの話である。同じ調子で新しい投資に首を突っ込むなら、必ず返り討ちに遭う。私には大好きな投機家は何人もいるし、投機自体も決して嫌いではないけれど、やはり初心者には教えられない。

たとえば、世紀の投機家と言われたジェシー・リバモア。彼にしても四度も破産をしている。最後の相場師と言われた是川《これかわ》銀蔵だって、何度も失敗をしている。そういう投機家は特別な人たちで、ふつうは一度コケたらもう立ち直れない。立ち直ったリバモアにしても、最終的には自殺を遂げた。是川もあまり幸せな晩年を過ごせてはいない。

人間なのに機械と同じことをやらされているトレーダー

正しい投資のやり方さえ伝われば、私は今後日本に良質な投資家層が育つと考えている一人である。

お金に働いてもらって、日本株の上昇サイクルの恩恵を受けて、人生を豊かにしていく。

そして老後になったら、２０００万円どころか５０００万円、もしかしたら1億円くらいを持って豊かに暮らす。みなさんはそれを目指すべきである。

いま仕事を辞めて、デイトレーダーで生計を立てるような真似はすべきではない。デイトレードは簡単ではない。それに加えて面白くないからだ。いわばオンライン・ポーカーのようなものかもしれない。オンライン・ポーカーでは、グランディングといって小さな利益を積み重ね、リスクを取らずに我慢して良いシチュエーションの到来を待ち続ける。やられても精神的に落ち込まず、ものすごくタフでないといけない。これと同じようにデイトレーダーも大変だし、面白くない。相場の短期的な動きはほぼランダムだから、やられても気にしないで、７~８%落ちたら損切りするなど機械的に動かなくてはならない。

有名なモメンタムトレーダーの本を読むと、「自分の意見で取引をしたことなど一度もない」と書かれている。つまり、この銘柄の良し悪しではないのだ。ほぼパターンを機械的に繰り返しているだけ。要は人間なのに機械と同じことをやらされているだけなのである。

ブレイクアウトのみを取引しているトレーダーもいる。チャートのパターンで株の取引をして、何かあればすぐに損切りする。優秀なデイトレーダーは場が始まる前の２、３時間で２００~３００社のチャートをチェックし、場が終わった後もやはりは２、３時間かけて反省会を行っている。そうした時間を加味すると、1日に14時間ほど株漬けになっているわけである。

それくらいの労力をかけ、神経をすり減らすならば、成功するかもしれないけれど、これは若干ブラックな仕事である。ならば、普通の仕事で稼いだほうが楽だと思う。

さまざまな本や資料を読み、歴史を振り返り、さまざまな人たちと接して意見交換をし、経験値と想像力を働かせて中長期的な株式の投資戦略を立てるほうが、ずっと楽しいではないか。

私は企業が好きだから、企業を調べたり、企業の決算短信や説明会資料を読んだり、実際に説明会に参加したり、経営者に直接、会ったりするほうが楽しい。

100株持っていれば誰でも株主総会に行けるから、私は社長の態度を直接見て、取捨選択を決めている。

質問にハキハキと答えられる。投資家の目を見て話せる。受けた質問に対して、いちいち後ろに控えている幹部社員に確認せずに答えられるか。そんなことで自分の会社について、社長自身がどこまで知っているのかが見抜けてしまう。

2018年12月にインソースという会社の株主総会に参加した。ここは企業研修をメイン事業とする会社である。株主総会の雰囲気がとても良く、ベテラン社長が非常にポジティブな受け答えをしていた。案の定、株価は短期間のうちに倍以上に上がった。

同じ時期にあるゲーム会社の株主総会にも参加したのだが、インソースとは真逆だった。若い社長は言い訳に終始し、言っていることも抽象的でクリアでない。それでいて「時価総額1兆円の企業になる」とどうでもいい夢物語を話していた。それよりも、われわれはこのセクターでトップを目指しているとか、具体的な目標を示してほしかった。投資家はその会社にお金を預けているのだから、徹底的に聞いてくる。その業界での市場シェアはどの程度で、その業界はどこまで伸びるのか。仮にその業界の市場規模の限界が1兆円ならば、別のことをやらなければ、あなたの会社の時価総額は1兆円にはならないだろう。「では、別の事業ですでに具体的に動き出しているのか?」と水を向けられ、「そのうちにやろうと思っている」では失格である。いま、その場で答えられなければいけない。

来年か再来年あたりから世界的なインフレが起きるのだと、私は予測している。そんな時期に価値が目減りせず、長期的に上昇していく株式を持つことは、資産の防衛になる。だからこそ新たな価値を創造し、発展していく企業を見極めることが、大切なのである。

おわりに

この本を書き始めてから米中対立はさらに加速してきました。本書の最終チェックを行っている最中にテキサス州ヒューストンにある中国総領事館がアメリカ政府の命令で閉鎖され、中国も報復措置として成都にある米総領事館を閉鎖しました。そして2020年8月に入ってから米国務省が中国系動画投稿アプリの排除に向けた新たな指針を発表。トランプ政権は中国系アプリの代表TikTok《ティックトック》の米国内使用禁止に動いたので、TikTokはアメリカの事業をマイクロソフトに売却するための交渉を始めました。

みなさんが最も気になっていることの一つは、大統領が変わったらアメリカの対中政策はどうなるかという点ではないでしょうか。本書の刊行は、大統領選挙の前なので、誰が次の大統領になるのかはまだわかっていません。しかし、誰が大統領になろうが合衆国の長期的な国家戦略は変わらないと思います。もちろん外交トーンは大きく変わるでしょう。バイデンが当選すれば、同盟国をないがしろにしたトランプ大統領の「アメリカファースト」から、同盟国をもっと大切に扱う外交政策に変わると思います。中国とも何でもかんでも衝突するのではなく、環境問題、パンデミックや核兵器の問題で対話を探るでしょう。しかし、アメリカの本音は誰が大統領になっても同じです。アメリカは覇権国家として自らの地位を揺るがすような国と真っ向からぶつかります。しかし、世界に見せているイメージを自由自在に変えられるのもアメリカのしたたかさの一つです。ハリウッドを生んだ国だけあってイメージ戦略がうまい。バイデンの副大統領候補は黒人女性でした。ブッシュが壊したアメリカのイメージを史上初の黒人大統領で修復したのと同様に、トランプが壊したアメリカのイメージも史上初の黒人女性副大統領で修復するかもしれません。アメリカの刑事ドラマによく出てくる「バッドコップ・グッドコップ」つまり良い警官・悪い警官のルーティンです。

本来であれば中国も非常にしたたかな外交政策をする国です。中国は鄧小平の「能ある鷹は爪を隠す」をモットーにして、世界第2位の経済大国に発展できました。しかし、リーマンショック後に中国が変わり始め、習近平体制の誕生後は、鄧小平の政策を捨て、もはや自信たっぷりで爪を隠そうとはしません。中国もトップが代わればアメリカのようにトーンを強めたり、和らげたりして、今後も上手に立ち回ることできたかもしれませんが、習近平は国家主席の任期を撤廃したのでそれもできなくなりました。

覇権争いとはイメージの争いでもあります。アメリカのジャイアン（番長）気質にうんざりしている新興国のなかには、当初中国に同情していた国も多かったと思います。しかし、いまの中国は弱いものを助けたいわけではなく、ジャイアンを倒して新ジャイアンになろうとしています。特にそれが今回のパンデミックをきっかけに全世界に露呈しました。これはイメージ戦略の失敗だと思います。

米中はさておき、日本は世界からどう見られているのか？　近年日本についての情報が急速に増えてきました。日本に住んでいる外国人だったり、英語が上手な日本人だったりと、色々な方々がＹｏｕＴｕｂｅなどのニューメディアを通じて日本の情報を発信しています。このおかげで漫画やアニメだけではなく、日本の生活様式から考え方まで世界に広がるようになりました。これは私がずっと唱えている新ジャポニスムの一環でもあります。自由を愛し和を大切にしながら、アメリカのワイルドな資本主義と中国的な束縛を嫌う日本人の考え方は、米中のオルタナティブになれると思います。新型コロナ感染症における日本の感染者数と死者数が欧米に比べ少ないことも、世界の人々が日本に注目する新たなきっかけになるでしょう。

私は16歳のときに国際生物学オリンピックで1位となり、金メダルと海外に留学できる奨学金を獲得しました。どこの国に行ってもよかったのです。知り合いは全員口を揃えて「アメリカに行け」と言いました。しかし、私は日本に留学したいと言いました。なぜならば、アメリカへはそれまで何人ものトルコ人が留学しているし、米国式の考え方は広く世界に伝わっています。はっきり言ってアメリカに行っても新たに学べるものが少ないと感じました。その代わり日本に行く人はほとんどいませんでした。日本は当時世界第二位の経済大国。日本の高度経済成長期のことをジャパン・ミラクルと口では言うものの、実際にそれが何なのか説明できる人がいません。戦争で焼け野原になった日本にできて、他の新興国にできないのはなぜなのか？　なぜ日本人はクールな電気製品をつくれるのか？　なぜ壊れない自動車をつくれるのか？　なぜ面白いゲームをつくれるのか？　これらの問いに答えられる人は周りに一人もいませんでした。だからこそ私は、日本人の考え方や日本の強みを学ばないといけないと思いました。そして学べば学ぶほど、日本が好きになりました。新冷戦時代は日本がもっと注目され、世界の頭脳が日本に集まるとともに、たくさんの日本人もグローバルな舞台で輝かしい活躍を見せるであろうことを確信しています。

２０２０年８月　東京にて

エミン・ユルマズ

Emin Yurumazu（エミン・ユルマズ）

トルコ・イスタンブール出身。16歳で国際生物学オリンピックの世界チャンピオンに。1997年に日本に留学。一年後に東京大学理科一類に合格、2004年に東京大学工学部を卒業。2006年に同大学新領域創成科学研究科修士課程を修了し、生命科学修士を取得。2006年野村證券に入社。投資銀行部門、機関投資家営業部門に携わった後、2016年に複眼経済塾の取締役・塾頭に就任。
●主な著書　『それでも強い日本経済！』（ビジネス社）、
『米中新冷戦のはざまで日本経済は必ず浮上する』（かや書房）
●主なメディア出演
・マーケット・アナライズplus＋（BS12 トゥエルビ）
・田村淳の訊きたい放題（TOKYO MX）
・ウェークアップ！ぷらす（読売テレビ）
・日経プラス10サタデーニュースの疑問（BSテレ東）
・ストックボイス東京マーケットワイド（TOKYO MX2）

●エミン・ユルマズ Twitter　https://twitter.com/yurumazu
●複眼経済塾ホームページ　https://www.millioneyes.jp

ブックデザイン／宮坂 淳（Snowfall.）
著者撮影／Rikimaru Hotta

コロナ後《ご》の世界《せかい》経済《けいざい》
米中新冷戦《べいちゅうしんれいせん》と日本経済《にほんけいざい》の復活《ふっかつ》！

二〇二〇年九月三〇日　第一刷発行

著　者　エミン・ユルマズ
発行者　樋口尚也
発行所　株式会社 集英社
〒一〇一－八〇五〇　東京都千代田区一ツ橋二－五－一〇
編集部　〇三－三二三〇－六〇六八
読者係　〇三－三二三〇－六〇八〇
販売部　〇三－三二三〇－六三九三（書店専用）
印刷所　大日本印刷株式会社
製本所　加藤製本株式会社

 ISBN978-4-08-786132-7　C0033